HIGH-TICKET GROWTH BLUEPRINT: LA FÓRMULA PARA VENDER PRODUCTOS O SERVICIOS DE ALTO VALOR

HIGH-TICKET GROWTH BLUEPRINT: LA FÓRMULA PARA VENDER PRODUCTOS O SERVICIOS DE ALTO VALOR

Claudia Chez Abreu

High-Ticket Growth Blueprint:
La fórmula para vender productos o servicios de alto valor

Chez Abreu, Claudia

1ra. Edición

© 2011. Todos los derechos reservados.

Queda prohibida, salvo excepción prevista en la ley, cualquier forma de reproducción, distribución, comunicación pública y transformación de esta obra sin contar con autorización del titular de la propiedad intelectual. La infracción de los derechos mencionados puede ser constitutiva de delito contra la propiedad intelectual.

ISBN: 9798320202525

Editora Mediabyte SRL
Impreso en Republica Dominicana

CONTENIDO

Introducción 1

Capítulo 1:
La psicología detrás de la venta de alto valor 5
    Comprendiendo el valor del marketing de High-Ticket 5
    Definición de High-Ticket en el marketing moderno 8
    Entendiendo al comprador de alto valor 12
    Principios psicológicos de la influencia y persuasión 15
    El viaje emocional del comprador 19
    Estrategias de comunicación efectivas en el proceso
    de compra 24

Capítulo 2:
Entendiendo el entorno digital 31
    Medios pagados 32
    Medios ganados 35
    Medios propios 37
    ¿Existe una estrategia perfecta? 41

Capítulo 3:
Desarrollo de productos y servicios de alto valor 43
    Identificación de necesidades del mercado 45
    Creación de ofertas irresistibles 52

Capítulo 4:
Dominando el arte del branding y posicionamiento
para productos de alto valor 57

El nacimiento de un gigante: creación y posicionamiento de una marca de prestigio............ 59
Marketing de contenido: enganchando a la élite........... 69
Estrategias de Publicidad y Promoción............ 80

Capítulo 5:
Estrategias de marketing y ventas para High-Ticket......... 89
Definiendo la escalera de valor............ 89
Desarrollo de campañas............ 96
Generación de tráfico............ 102
Proceso de venta de alto valor: de prospectos a clientes.. 104

Capítulo 6:
Estructurando el equipo de trabajo para el éxito en ventas High-Ticket............ 120
Definición de roles clave............ 121
¿In-house u outsourcing?............ 131

Capítulo 7:
Métricas claves de marketing y ventas............ 138
Client Acquisition Cost (CAC)............ 140
Conversion rate............ 140
Average Order Value (AOV)............ 141
Retention Rate............ 141
Customer Lifetime Value (LTV)............ 142
Marketing Generated customers............ 143
Conclusión............ 144

INTRODUCCIÓN

Imagina por un momento que estás frente a un mar inmenso, las olas rompen con fuerza y el viento sopla sin misericordia. En tus manos, tienes un mapa del tesoro, uno que promete riquezas incalculables, pero hay un problema: el mar es peligroso, y las rutas conocidas están plagadas de competidores voraces y peligros ocultos. Necesitas algo más que un simple barco y una brújula para navegar estas aguas; necesitas un plan maestro.

El "High-Ticket Growth Blueprint" no es solo otro documento técnico que promete el mundo y no entrega nada. No. Esto es el resultado de años de estudios, aprendizajes, pero sobretodo, la implementación de más de 100 estrategias navegando en el tumultuoso mar del marketing digital, de enfrentar tormentas y de descubrir rutas secretas que llevan a tesoros escondidos. Este Blueprint es tu faro en la noche, tu brújula en la tormenta, diseñado no solo para sobrevivir sino para prosperar en el mercado de alto valor.

El "High-Ticket Growth Blueprint" no es un simple conjunto de estrategias; es una filosofía, una manera de pensar diferente sobre cómo vender productos o servicios de alto valor. En un mundo donde todos gritan por atención, este método te enseña a susurrar de tal manera que solo los oídos adecuados te escuchen. Imagina poder filtrar el ruido, dirigirte directamente a aquellos que valoran lo que ofreces y están dispuestos a invertir en soluciones de verdadera calidad. Eso es lo que promete este Blueprint.

A través de sus páginas, desentrañaremos el arte y la ciencia detrás de vender no solo un producto o servicio, sino una experiencia, una solución que transforme la vida de tu cliente. Hablaremos de psicología, estrategia, y sobre todo, de cómo humanizar cada venta para que no solo cierres tratos, sino que construyas relaciones duraderas.

LA FÓRMULA REVELADA. EL TRAYECTO QUE NOS ESPERA.

Este documento está diseñado para emprendedores, directores de marketing, project managers digitales, y launch managers que no temen zarpar hacia lo desconocido en busca de mayores éxitos. Cada capítulo te llevará por un viaje desde comprender la psicología detrás de la venta de alto valor, hasta implementar estrategias que han sido probadas en el campo de batalla del mercado digital.

Este compendio es el fruto de incontables horas de dedicación al aprendizaje y la aplicación práctica, inspiradas por las enseñanzas de luminarias en el campo del marketing digital, tales como Russell Brunson de Clickfunnels, Jeff Walker creador de Product Launch Formula, el prestigioso instituto CXL, Brendon Burchard, Nathan Chan de Foundr, y los pioneros de HubSpot, Brian Halligan y Dharmesh Shah.

Sin embargo, lo que encontrarás aquí va mucho más allá de la teoría; es un mosaico de vivencias auténticas en el ámbito de negocios de productos high-ticket, que van desde la comercialización de equipos de maquinaria pesada y servicios de correduría de bolsa, hasta la creación de cursos en línea y la organización de experiencias de viajes únicas. Este conocimiento se nutre además de nuestra posición como la primera agencia de marketing digital de la República Dominicana y pionera en el Caribe en obtener la certificación como Partner Platinum en Inbound Marketing.

En este libro comparto sin reservas todo lo que he aprendido en este viaje. No me reservo nada.

Nos adentraremos en las profundidades de cómo establecer una conexión genuina con tu audiencia, cómo utilizar el storytelling para captar la atención y cómo, al final del día, hacer que el proceso de venta sea tan satisfactorio para ti como para tu cliente. También exploraremos cómo la inteligencia artificial (IA) ha dejado de ser una mera curiosidad tecnológica para convertirse en una herramienta vital en el arsenal del marketing. Su capacidad para analizar datos a una velocidad y precisión inhumanas, predecir comportamientos del consumidor y personalizar la experiencia de compra es simplemente revolucionaria. Y es precisamente esta tecnología la que nos permitirá ser más eficientes, crear campañas más impactantes y, en última instancia, generar resultados sin precedentes.

Así que ajusta tu brújula, prepara tus velas y embárcate con nosotros en este viaje hacia el descubrimiento del "High-Ticket Growth Blueprint". Porque en el mar de la mediocridad, aquellos que se atreven a navegar rutas distintas son los que encuentran los tesoros más grandes.

CAPÍTULO 1: LA PSICOLOGÍA DETRÁS DE LA VENTA DE ALTO VALOR

COMPRENDIENDO EL VALOR DEL MARKETING DE HIGH-TICKETS

En el universo del marketing, hay estrellas que brillan con luz propia, destacándose del resto por su valor y su capacidad para transformar negocios. Estas estrellas son los productos y servicios de high-ticket, verdaderos motores de cambio que prometen no solo elevadas ganancias, sino también relaciones más profundas y significativas con los clientes. Pero, ¿qué hace al marketing de high-tickets tan especial y por qué debería ser un pilar en la estrategia de crecimiento de cualquier empresa?

El marketing de high-tickets no se trata solo de vender lo más caro; se trata de ofrecer un valor excepcional que justifica su precio premium. Este enfoque estratégico se centra en la calidad sobre la cantidad, donde cada venta lleva consigo no solo un mayor margen de beneficio, sino también la promesa de una experiencia inigualable para el cliente. En un mundo donde la competencia es feroz y la atención de los consumidores es un bien escaso, posicionarse como proveedor de soluciones de alto valor puede ser el diferenciador que coloque a tu empresa en una liga aparte.

BENEFICIOS CLAVE

Mayor Rentabilidad: Al enfocarse en ofertas de alto valor, las empresas pueden aumentar significativamente sus márgenes de beneficio. Esto no solo mejora la salud financiera general, sino que también permite reinversiones en innovación y mejora continua, alimentando un ciclo virtuoso de crecimiento y desarrollo.

Construcción de Relaciones Profundas: Los productos y servicios de high-ticket suelen requerir un nivel más alto de involucramiento y personalización, lo que lleva a relaciones más estrechas y significativas con los clientes. Estas relaciones no solo aumentan las posibilidades de ventas recurrentes, sino que también fomentan una lealtad de marca fuerte y duradera.

Posicionamiento de Marca: Ofrecer soluciones de alto valor posiciona a tu empresa como líder y experto en tu industria. Este posicionamiento de autoridad no solo atrae a más clientes dispuestos a pagar precios premium, sino que también establece tu marca como referencia en el mercado.

El marketing de high-tickets es, por lo tanto, no solo una estrategia de ventas, sino una filosofía de negocio que coloca al valor y a la experiencia del cliente en el centro de todo. Adoptar este enfoque requiere no solo una comprensión profunda del mercado y de los clientes, sino también un compromiso con la excelencia y la innovación.

Al integrar el marketing de high-tickets en tu estrategia de crecimiento, no solo estás eligiendo un camino hacia mayores ganancias, sino que también te estás comprometiendo a crear un impacto duradero en la vida de tus clientes. En las siguientes secciones, exploraremos más a fondo cómo definir y comunicar este valor excepcional, cómo entender y conectar con el comprador de alto valor, y cómo utilizar la psicología y la tecnología, como la inteligencia artificial, para optimizar estas estrategias de alto impacto.

Este viaje hacia el dominio del marketing de high-tickets es un viaje hacia la redefinición de lo que tu negocio puede lograr. Prepárate para explorar las profundidades de lo que hace que una oferta sea verdaderamente valiosa, y cómo puedes utilizar este conocimiento para escalar nuevas alturas de éxito y satisfacción del cliente.

DEFINICIÓN DE HIGH-TICKET EN EL MARKETING MODERNO

En el mundo del marketing, los productos y servicios de high-ticket son aquellos que, por su naturaleza y valor, se elevan por encima del estándar. Pero, ¿qué es exactamente lo que los define en el contexto actual del marketing? La respuesta yace no solo en el precio, sino en la percepción de valor excepcional y en la promesa de una experiencia transformadora.

Históricamente, los productos de high-ticket eran aquellos con etiquetas de precio elevadas, reservados para un segmento de mercado de élite. Sin embargo, en la era digital de hoy, la definición se ha expandido y enriquecido. Ya no se trata únicamente de cuánto cuesta un producto o servicio, sino de cuánto valor puede aportar a la vida o al negocio del cliente. La tecnología y la globalización han democratizado el acceso a productos de alta calidad, cambiando la percepción de lo que constituye un bien o servicio de "alto ticket".

Los productos y servicios de high-ticket comparten ciertas características distintivas que los separan del resto:

Valor Excepcional: Ofrecen un valor agregado significativo que va más allá de la funcionalidad básica, proporcionando soluciones completas a problemas complejos o necesidades profundas de los clientes.

Experiencia Personalizada: Se caracterizan por ofrecer experiencias altamente personalizadas, adaptadas a las necesidades específicas y expectativas de cada cliente, creando una sensación de exclusividad y atención detallada.

Resultado Transformador: Prometen y entregan resultados transformadores, teniendo un impacto profundo en la vida personal o empresarial del cliente, justificando así su precio premium.

Posicionamiento de Autoridad: Están respaldados por marcas que se posicionan como autoridades en su campo, ofreciendo no solo un producto o servicio, sino también conocimiento, experiencia y un camino hacia el éxito.

En un mercado saturado, donde los consumidores están bombardeados con opciones, la capacidad de diferenciar tu oferta a través de un valor excepcional y transformador es más crucial que nunca.

Los productos high-ticket en la actualidad varían ampliamente en términos de industria y aplicación, pero todos comparten características comunes como un alto valor percibido, precios premium, y una promesa de transformación o mejora significativa en la vida del comprador o su negocio. Para ilustrar la diversidad y el alcance de estos productos, veamos algunos ejemplos aplicados a distintas industrias:

Plataformas empresariales de Software como Servicio (SaaS): Soluciones de software de nivel empresarial que ofrecen gestión de relaciones con clientes (CRM), planificación de recursos empresariales (ERP), o inteligencia de negocios (BI), diseñadas para optimizar operaciones, mejorar la toma de decisiones y impulsar el crecimiento.

Infraestructura de TI y Soluciones en la Nube: Sistemas avanzados de almacenamiento en la nube y servicios de infraestructura de TI diseñados para empresas que requieren alta seguridad, rendimiento y escalabilidad.

Programas de Coaching Personalizado y Retiros de Bienestar: Ofertas de alto nivel que incluyen retiros exclusivos en ubicaciones exóticas o programas personalizados de salud y bienestar, dirigidos a mejorar significativamente la salud física y mental del individuo.

Vehículos Eléctricos de Lujo y Superdeportivos: Automóviles que no solo ofrecen un medio de transporte, sino también un símbolo de estatus, innovación tecnológica y compromiso con la sostenibilidad.

Programas de Mastermind y Mentoría de Elite: Programas de desarrollo personal y profesional que ofrecen acceso directo a líderes de pensamiento y expertos en la industria, proporcionando orientación personalizada, networking de alto nivel y estrategias para el éxito.

Propiedades de Lujo y Oportunidades de Inversión Exclusivas: Desde apartamentos en ubicaciones prime hasta oportunidades de inversión en bienes raíces que prometen retornos significativos, dirigidos a inversores con capital significativo.

Viajes Personalizados de Lujo: Experiencias de viaje a medida que ofrecen itinerarios únicos, acceso a eventos exclusivos y alojamiento en algunos de los lugares más lujosos del mundo.

Obras de Arte y Piezas de Colección: Inversiones en arte y coleccionables raros, desde pinturas de artistas renombrados hasta ediciones limitadas de relojes de lujo, que no solo se aprecian estéticamente sino que también se valoran como activos de inversión.

Como podemos observar, los productos y servicios de high-ticket se diferencian no solo en su precio, sino en la promesa de ofrecer un valor excepcional, experiencias únicas y resultados transformadores para el cliente. Por tanto, el éxito en la comercialización de estos productos dependerá de la comprensión del mercado objetivo, comunicar de forma efectiva la promesa de transformación y ejecutar una entrega impecable dicha promesa.

ENTENDIENDO AL COMPRADOR DE ALTO VALOR

La comercialización exitosa de productos o servicios de high-ticket comienza con una comprensión profunda de quién es el comprador de alto valor. Este no es un consumidor promedio; es un individuo o entidad que busca no solo calidad y exclusividad, sino también una solución que tenga un impacto significativo en su vida o negocio. Para conectar efectivamente con este tipo de cliente, es esencial adentrarse en su psicología y entender los factores emocionales que influyen en sus decisiones de compra.

PERFIL PSICOLÓGICO

El comprador de alto valor se caracteriza por buscar más que una simple transacción; busca una experiencia, una transformación que justifique su inversión. Este cliente es:

Informado: Realiza investigaciones exhaustivas antes de tomar una decisión de compra. Valora la profundidad de la información y la transparencia.

Exigente: Tiene expectativas altas en cuanto a calidad y servicio. Busca la excelencia y no se conforma con menos.

Orientado al valor: Más que el precio, lo que importa es el valor percibido. Está dispuesto a invertir significativamente si el retorno, ya sea en términos de resultados, prestigio o satisfacción, lo justifica.

Consciente de su problema: Reconoce claramente su necesidad o desafío y busca soluciones efectivas y eficientes.

Buscador de soluciones: No solo busca productos, sino también socios estratégicos que puedan ayudarle a alcanzar sus objetivos o resolver sus problemas.

FACTORES EMOCIONALES

Las decisiones de compra de los compradores de alto valor están profundamente influenciadas por emociones y factores psicológicos:

Confianza: La decisión de invertir en un producto o servicio de high-ticket viene con un nivel significativo de riesgo percibido. La confianza en la marca, el producto y la promesa de valor es fundamental.

Aspiración: Estos compradores están motivados por el deseo de mejorar, de alcanzar un estatus o lograr un objetivo. La aspiración es un poderoso motor que impulsa su comportamiento de compra.

Exclusividad: La sensación de poseer algo único o tener acceso a una experiencia exclusiva es altamente valorada. La exclusividad alimenta su sentido de pertenencia y estatus.

Impacto: Buscan resultados tangibles y transformadores. El impacto del producto o servicio en su vida personal o profesional es un factor decisivo.

Relación: Prefieren construir relaciones a largo plazo con marcas y proveedores. Valorizan la atención personalizada y el servicio postventa excepcional.

Entender estos aspectos del comprador de alto valor nos permite diseñar productos y servicios que resuenen con sus necesidades y deseos, así como comunicar el valor de manera que motive y convenza. La clave estará en articular claramente cómo nuestra oferta no solo cumple, sino que supera sus expectativas, proporcionando una experiencia transformadora.

En la siguiente sección, exploraremos los principios psicológicos de la influencia y persuasión que pueden aplicarse para atraer y retener a estos compradores exigentes, utilizando estrategias que resonarán profundamente con su conjunto único de motivaciones y necesidades.

PRINCIPIOS PSICOLÓGICOS DE LA INFLUENCIA Y PERSUASIÓN

Una tarea crucial para conectar efectivamente con los compradores de alto valor y persuadirlos de que tu producto o servicio es la inversión correcta, implica comprender y aplicar una serie de principios psicológicos fundamentales de influencia y persuasión. Estos principios, también conocidos como gatillos mentales, cuando se aplican con habilidad, pueden guiar a los compradores a través del proceso de toma de la decisión de compra.

De acuerdo a Jeff Walker, el creador de la Fórmula de Lanzamiento, plantea que los gatillos mentales son herramientas poderosas de persuasión que pueden tener un impacto significativo en el marketing de productos y servicios de high-ticket. Estos gatillos, al ser comprendidos y aplicados correctamente, pueden motivar a los compradores de alto valor a tomar la decisión de invertir en tu oferta. Vamos a expandir cada uno de estos gatillos, ofreciendo una visión de cómo pueden ser utilizados efectivamente en el contexto de productos de high-ticket.

1. Autoridad

Las personas tienden a seguir y confiar en líderes y expertos. En el marketing de high-ticket, establecer la autoridad de tu marca o producto es crucial. Esto se puede lograr a través de contenido de calidad, testimonios de expertos, estudios de caso y demostraciones de conocimiento y experiencia. La autoridad inspira confianza, y la confianza reduce la fricción en el proceso de compra.

2. Reciprocidad

El principio de reciprocidad se basa en la idea de que las personas se sienten obligadas a devolver favores. En marketing, esto se puede traducir en ofrecer algo de valor gratuito, como informes, webinars, o consultorías iniciales. Esto no solo construye buena voluntad, sino que también aumenta la probabilidad de que los clientes potenciales se sientan motivados a ofrecer algo a cambio, como su tiempo, atención, o una compra.

3. Confianza

La confianza se gana mostrando consistencia, autenticidad y transparencia a lo largo del tiempo. En el contexto de high-ticket, esto podría significar mantener una comunicación abierta y honesta sobre los beneficios y limitaciones de tu producto o servicio, así como compartir testimonios reales y resultados de clientes anteriores. La confianza hace que los compradores se sientan más seguros al tomar decisiones importantes de compra.

4. Anticipación

Crear anticipación es clave para lanzar productos de high-ticket. Esto se puede hacer a través de una serie de anuncios, teasers, y contenido que construya emoción y expectativa en torno a un lanzamiento. La anticipación no solo aumenta el interés, sino que también prepara a los clientes potenciales para actuar rápidamente cuando el producto esté disponible.

5. Simpatía

Las personas prefieren hacer negocios con aquellos que les gustan y con quienes se identifican. Crear una marca o personalidad de producto que resuene con tu audiencia en un nivel personal puede aumentar significativamente las posibilidades de éxito en ventas de high-ticket. Esto se logra mostrando autenticidad, compartiendo historias personales y construyendo una comunidad alrededor de valores compartidos.

6. Escasez

La escasez, ya sea real o percibida, crea un sentido de urgencia que puede impulsar a las personas a actuar para evitar perderse algo valioso. En el marketing de high-ticket, esto se puede manifestar como ofertas limitadas, ediciones especiales, o plazos para tomar una decisión de compra. La clave es comunicar claramente lo que se está perdiendo si no se actúa.

7. Prueba Social

La prueba social, como testimonios, reseñas y estudios de caso, muestra que otros han tenido experiencias positivas con tu producto o servicio. En el ámbito de high-ticket, la prueba social de alta calidad y relevante puede ser especialmente persuasiva, ya que reduce el riesgo percibido asociado con grandes inversiones.

8. Compromiso y Consistencia

Las personas buscan ser coherentes con lo que han dicho o hecho anteriormente. En marketing, esto se puede aprovechar alentando pequeñas acciones iniciales (como suscribirse a un boletín informativo o asistir a un webinar gratuito) que pavimentan el camino hacia compromisos mayores, como la compra de un producto de high-ticket.

9. Evento y Ritual

La creación de eventos y rituales alrededor de tu producto o servicio puede aumentar el valor percibido y la participación de la comunidad. Esto podría ser un lanzamiento anual, un evento exclusivo para clientes o una celebración de hitos. Estos momentos crean una experiencia compartida que fortalece la conexión entre tu marca y tus clientes.

EL VIAJE EMOCIONAL DEL COMPRADOR

El *buyer's journey* o proceso de compra, especialmente en el ámbito de los productos y servicios de high-ticket, es intrínsecamente emocional. Comprender este proceso emocional es clave para diseñar estrategias de marketing y ventas que resuenen profundamente con el comprador de alto valor. Este proceso se puede desglosar en cuatro etapas, cada una marcada por distintas emociones y oportunidades para influir positivamente en la decisión de compra.

Awareness Stage	Consideration Stage	Decision Stage	Loyalty & Advocacy Stage

Fase de Conciencia (Awareness)

La fase de conciencia marca el inicio del viaje del comprador. En esta etapa inicial, el comprador descubre una necesidad o deseo no satisfecho. Aquí, las emociones pueden oscilar entre la curiosidad y la frustración, dependiendo de cómo perciben su problema o deseo. Para un producto o servicio de high-ticket, este es el momento de capturar la atención del comprador, la estrategia es capturar su atención mediante contenido que no solo resalte este problema o deseo sino que también evoque la esperanza y la anticipación de una solución.

El desafío aquí es educar al comprador potencial sobre el problema y, simultáneamente, introducir su solución de manera sutil pero convincente. Utilizar historias relatables, datos impactantes, y visualizaciones claras puede aumentar la relevancia y la resonancia del mensaje. Este contenido debe ser diseñado para ser encontrado fácilmente a través de los canales preferidos de tu audiencia, ya sea a través de motores de búsqueda, redes sociales, o publicidad dirigida. El objetivo en esta etapa es establecer una conexión emocional, posicionando tu marca como una autoridad comprensiva y experta en el área, alguien que no solo entiende el problema a fondo sino que también posee la clave para resolverlo. Narrativas que muestren empatía y comprensión, junto con la promesa de un cambio positivo, son particularmente efectivas.

Fase de Consideración (Consideration)

En la fase de consideración, el comprador de alto valor ya ha reconocido su necesidad o deseo y comienza a explorar activamente las posibles soluciones. Durante este periodo, la emoción predominante es la contemplación mezclada con un toque de análisis crítico. Los compradores evalúan las opciones disponibles, buscando aquellas que no solo resuelvan su problema de manera efectiva, sino que también ofrezcan un valor adicional. Para captar su atención y destacarte en este momento crítico, es fundamental presentar contenido educativo y convincente que hable directamente a sus necesidades específicas. Mostrar cómo tu producto o servicio se diferencia claramente de las alternativas en el mercado mediante estudios de caso detallados, demostraciones de producto y testimonios puede ayudar a establecer tu oferta como la solución preferente. La clave es posicionar tu marca como un recurso valioso y confiable que los guía a través de su proceso de toma de decisiones, reforzando la idea de que entiendes sus desafíos únicos y tienes la experiencia para resolverlos.

Fase de Decisión (Decision)

La fase de decisión es el clímax del viaje emocional del comprador, donde la tensión entre la incertidumbre y el deseo de solucionar su problema alcanza su punto máximo. En este estadio, el comprador está listo para tomar una decisión, pero aún puede tener reservas o buscar confirmación de que está haciendo la elección correcta. Aquí, el enfoque debe ser en aliviar cualquier duda restante y reforzar la confianza en tu producto o servicio. Estrategias efectivas incluyen la oferta de garantías sólidas, opciones de prueba sin riesgo, o consultas personalizadas. Además, resaltar la exclusividad y el valor único de tu oferta puede ser especialmente persuasivo, motivando al comprador a actuar. Facilitar el proceso de compra, asegurando que sea lo más simple y libre de estrés posible, también juega un papel crucial en convertir la consideración en una decisión firme. En este punto, cada detalle cuenta, desde la claridad de la información proporcionada hasta la facilidad de navegación en el proceso de compra.

Post-Compra y Lealtad

Una vez que la compra ha sido realizada, el viaje del comprador no termina; de hecho, entra en una etapa crítica que puede definir la relación a largo plazo entre el cliente y la marca. La fase de post-compra está llena de emociones que van desde el alivio y la satisfacción hasta la ansiedad por la decisión tomada. Es fundamental para las marcas asegurar una transición suave y reafirmar el valor de la compra para mitigar cualquier duda o remordimiento del comprador.

En este periodo, proporcionar un excelente servicio al cliente, ofrecer guías detalladas de uso o implementación, y mantener una línea abierta de comunicación son acciones clave para asegurar la satisfacción del cliente. Implementar un proceso de seguimiento personalizado, donde se solicite feedback y se ofrezca asistencia adicional, puede fortalecer la relación y aumentar la percepción de valor.

Además, desarrollar programas de lealtad o ofrecer beneficios exclusivos para compradores repetidos puede transformar a un cliente satisfecho en un defensor leal de la marca. Las oportunidades de upselling y cross-selling también deben ser exploradas de manera estratégica, siempre con el enfoque en cómo estos ofrecimientos adicionales pueden proporcionar un valor incremental al cliente.

Por último, la fase de post-compra es un momento óptimo para recoger testimonios y estudios de caso de clientes satisfechos, los cuales pueden ser herramientas de marketing poderosas para influir en futuros compradores en la fase de conciencia. Al tratar cada compra no como el final de una transacción, sino como el comienzo de una relación a largo plazo, las marcas pueden construir una base sólida de clientes leales que no solo repiten compras sino que también se convierten en embajadores valiosos de la marca.

Cada punto de contacto en este viaje ofrece una oportunidad para influir positivamente en la percepción y la emoción del comprador, construyendo una relación más profunda y significativa. La clave está en ser genuino y centrado en el cliente en cada interacción, utilizando la comprensión de sus emociones para guiar cómo presentas tu producto o servicio y cómo te comunicas.

ESTRATEGIAS DE COMUNICACIÓN EFECTIVAS EN EL PROCESO DE COMPRA DEL COMPRADOR

La comunicación efectiva es crucial en el marketing de productos y servicios de high-ticket, donde la decisión de compra está profundamente influenciada por cómo se percibe y se entiende el valor ofrecido. En este contexto, no solo es importante lo que se comunica, sino también cómo y cuándo se hace. Aquí exploraremos estrategias clave para asegurar que tu mensaje no solo alcance a tu audiencia, sino que también resuene y motive.

NARRATIVA Y STORYTELLING

Una de las herramientas más poderosas en tu arsenal de marketing es la capacidad de contar una historia convincente. Las historias tienen el poder de conectar emocionalmente, transmitir valores y demostrar el impacto transformador de tu oferta de una manera que los hechos y las cifras por sí solos no pueden. Al construir tu narrativa:

Centra la historia en el cliente: Haz que el cliente sea el héroe de la historia, enfrentando un desafío que tu producto o servicio le ayuda a superar.

Incorpora conflictos y resoluciones: Presenta el problema que tu oferta resuelve de una manera que capte la atención y genere empatía.

Demuestra transformación: Muestra no solo el antes y el después, sino también el cómo. Detalla el proceso de transformación que tu producto o servicio facilita, utilizando ejemplos específicos o estudios de caso.

MENSAJES CLAVE

Los mensajes clave deben ser claros, concisos y convincentes. Deben comunicar el valor único de tu oferta y por qué es la mejor opción para tu público objetivo. Al desarrollar estos mensajes:

Enfócate en el valor y los beneficios: Más allá de las características del producto, destaca los beneficios reales y el valor que aporta a la vida del cliente.

Personaliza para tu audiencia: Asegúrate de que tus mensajes sean relevantes para el segmento específico del mercado que estás apuntando, abordando sus necesidades, deseos y puntos de dolor únicos.

Sé consistente, pero adaptable: Mantén la coherencia en tus mensajes clave a través de todos los canales y puntos de contacto, pero sé flexible para adaptar el tono y el enfoque según el contexto y la plataforma.

ORQUESTANDO A TRAVÉS DEL CONTENIDO, EL PROCESO DE DECISIÓN DE COMPRA: DE LA CONCIENCIA A LA CONVERSIÓN

Para guiar al comprador de alto valor a través de su viaje, desde el primer destello de conciencia hasta la decisión final de compra, cada etapa debe ser acompañada por una comunicación estratégica y contenido meticulosamente diseñado.

Durante la fase de crear conciencia, necesitamos sembrar el interés, por lo que nuestro objetivo es educar y entusiasmar. Durante la etapa de consideración, los potenciales compradores profundizan en su investigación, y es nuestro trabajo nutrir la decisión de compra a través de herramientas y recursos que ayuden a conectar directamente, resolver dudas y construir confianza. Finalmente, para la fase de conversión, buscamos eliminar posibles objeciones finales, facilitando la transición hacia la conversión y compra.

| Awareness Stage | Consideration Stage | Decision Stage |

Fase de Conciencia (Awareness)

eBooks: Proporcionan información valiosa y educativa para atraer a los prospectos que buscan profundizar su conocimiento sobre un tema relacionado con su necesidad.

Informes de Tendencias: Ayudan a posicionar tu marca como líder de pensamiento y fuente confiable de información actual y relevante.

Guías: Sirven como recursos educativos que ayudan a los prospectos a entender mejor sus problemas y las posibles soluciones.

Infografía: Presentan datos y conceptos clave de manera visual y fácilmente digerible, ideal para captar la atención y hacer que el contenido sea más compartible.

White Papers: Son útiles para mostrar profundidad en un tema específico y establecer credibilidad y autoridad en tu industria.

Checklist: Ofrecen una herramienta práctica que ayuda a los prospectos a evaluar su situación actual y considerar la necesidad de tu producto o servicio.

Fase de Consideración (Consideration)

Calculadoras: Herramientas interactivas que ayudan a los prospectos a calcular el valor o el retorno de inversión que podrían obtener de tu producto o servicio.

Plantillas: Proporcionan estructuras útiles que los prospectos pueden aplicar en su trabajo o vida, mostrando la aplicabilidad práctica de tu oferta.

Webinars: Sesiones educativas en vivo que pueden ayudar a construir una relación más personal con los prospectos y responder preguntas en tiempo real.

Reseñas: Opiniones de otros usuarios que refuerzan la credibilidad y la prueba social.

Casos de Éxito: Historias detalladas de cómo tu producto o servicio ha ayudado a otros, lo que puede ser muy persuasivo para los prospectos en esta etapa.

Evaluaciones: Herramientas que permiten a los prospectos ver cómo tu producto o servicio puede adaptarse a sus necesidades específicas.

Fase de Decisión (Decision)

Videos de Producto: Proporcionan una demostración visual de cómo funciona tu producto o servicio y qué problemas puede resolver.

Demos Interactivas: Permiten a los prospectos experimentar tu producto o servicio de primera mano, lo que puede ser un factor decisivo en el proceso de compra.

Preguntas Frecuentes: Ayudan a aliviar cualquier preocupación o duda que el prospecto pueda tener antes de tomar la decisión de compra.

Precios: Proporcionar información clara sobre precios y opciones puede eliminar las barreras finales para la compra.

APLICACIÓN DE PRINCIPIOS PSICOLÓGICOS

Incorpora los principios psicológicos discutidos anteriormente para hacer tus mensajes más persuasivos. Esto incluye:

Utilizar la prueba social: Comparte testimonios, reseñas y casos de éxito para construir credibilidad y confianza.

Crear un sentido de urgencia o escasez: Si es aplicable, comunica ofertas limitadas en tiempo o cantidad para incentivar la acción.

Mostrar autoridad y expertise: Destaca tus credenciales, experiencia y conocimiento para reforzar la confianza en tu oferta.

CAPÍTULO 2: ENTENDIENDO EL ENTORNO DIGITAL

Para entender el ecosistema digital, empecemos por definir y conocer la terminología que se usa para agrupar los distintos canales de marketing digital disponibles, y por tanto, saber diferenciar entre ellos para elegir él (o los) que mejor concuerden con nuestros objetivos.

Componentes del Entorno Digital

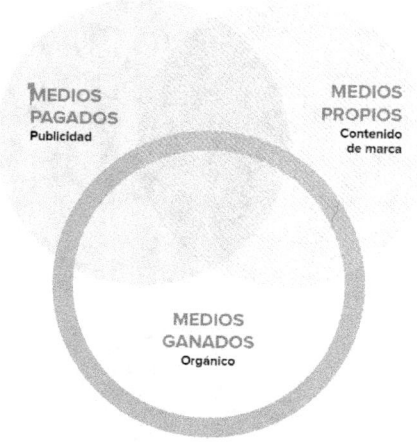

¿Qué es "el entorno digital"? ¿Banners de publicidad? Sí. ¿Redes sociales? También. ¿Estrategia de contenidos? Por supuesto. Y ¿el SEO? Así es. De hecho, todos estos elementos y otros más, forman parte del conjunto de canales de los que disponen las marcas de estar presente en Internet.

Sin embargo, lo que importa no es solo estar presente, sino entender las ventajas y las desventajas de los medios disponibles para conseguir el justo equilibrio entre todos, con el fin de asegurar que nuestra presencia digital lleve a una generación de negocio y de ingresos. Esta integración es lo que permitirá a la marca desarrollar una presencia sólida en internet.

Por esto, para cualquier empresa, marca u organización que desee comunicarse o vender algo a través de Internet, el ecosistema digital siempre deberá estar compuesto por tres tipos de medios. Describámoslos.

MEDIOS PAGADOS

Anuncios en televisión o en la prensa, cuñas entre programas en la radio o las enormes vallas que se erigen en nuestras ciudades y al lado de las carreteras son todos ejemplos de medios pagados tradicionales. Y, durante décadas, fueron las únicas formas que tenían las marcas para comunicar con su público objetivo.

Los medios pagados digitales son, esencialmente, lo mismo: espacios por los que las marcas pagan a cambio de exponer su mensaje. Sin embargo, frente a los medios tradicionales, ofrecen numerosos beneficios que los hace especialmente rentables para conectar con nuevas audiencias y captar potenciales clientes: por un lado, el poder de hyper-segmentación hace particularmente valioso y posible, abordar con mensajes a solo aquellos que están más propensos a "escuchar a la marca"; también, la posibilidad de monitorear reacciones en tiempo real y por tanto, ajustar dinámicamente a medida que el mensaje se expande; y finalmente, gracias a la gran cantidad de datos obtenidos, se pueden tomar decisiones más informadas.

Estas son precisamente parte de las grandes barreras que los medios tradicionales no han logrado superar y ha provocado la migración de los grandes presupuestos publicitarios hacia los medios digitales. Solo con la televisión conectada, el "out of home digital" (OOH) y el internet de las cosas, los "medios tradicionales" comenzarán a tener las capacidades necesarias para resolver esta serie de 'incógnitas' que permitirán medir su impacto y eficacia, y de esta forma tener mayor claridad de la audiencia, conocer cómo reacciona la misma, sin que su colocación sea excesivamente costosa.

Y he aquí donde la publicidad tiene su mayor oportunidad para seguir avanzando con técnicas que permitan, en lugar de intentar hablar con "todo el mundo", ayudar a la marca a localizar al usuario correcto, aquel que está dispuesto a escucharte y que ya ha demostrado interés o intención en lo que vendes, y comunicarse con él o ella de forma individualizada. Seguir comunicando de manera masiva - genérica - es tirar perdigones al aire sin apuntar, con precisión, la mira.

Componentes del Entorno Digital

MEDIOS PAGADOS
- Cuando necesitas un impulso adicional a los medios propios.
- Mensajes de redes sociales, banners en portales, mensajes / posts en blogs / influencers.
- Enfocado en atraer nuevos visitantes / consumidores.
- Provee buenos resultados, pero no mejores que tus medios propios.
- Indispensable para darte a conocer y atraer mayor tráfico.
- Pérdida de confianza afecta su efectividad.

- Branding & Performance
- Display, Videos, Audios, Search, Social
- Retargeting
- Paid Influencers
- Sponsorships

MEDIOS PAGADOS
Publicidad

MEDIOS PROPIOS
Contenido de marca

MEDIOS GANADOS
Orgánico

A ADVENTURES

En la actualidad, existe una amplia gama de formatos y tácticas que las marcas pueden utilizar como parte de sus estrategias de publicidad pagada:

- **Display, Videos y Audios** – constituyen los formatos más conocidos y es cuando pagamos por insertar banners animados, banners estáticos, rich media, videos y audios en páginas de terceros

- **Search** – cuando pagamos para situar nuestra página como parte de los resultados de búsqueda

- **Retargeting** – cuando "tagueamos" a los usuarios que han interactuado con nuestro mensaje y le damos seguimiento mientras navegan por la web para volver a presentarles un mensaje buscando la conversión

- **Influencers** – cuando pagamos a alguien que se presupone cuenta con una audiencia importante de seguidores y queremos capitalizar esa base de usuarios para promocionar nuestro mensaje

- **Patrocinios** – cuando pagamos por insertar contenidos promocionales, bien sea en redes sociales o en páginas de terceros.

MEDIOS GANADOS

Desde siempre, las conversaciones sobre una marca ha sido uno de los medios más poderosos para pasar información de una persona a otra. Gracias a la proliferación de las redes sociales como Twitter, Snapchat o Instagram, los blogs, gestores de contenidos y otras plataformas de comunicación, los usuarios han pasado de ser simples consumidores de información a ser productores activos de contenido.

Con esto, se ha ampliado exponencialmente las formas de una marca poder ganar visibilidad - por razones deseadas o no -, y con ello que se viralice la actuación o experiencia con una marca y llegue a latitudes antes insospechadas.

Los medios ganados son por tanto, todas aquellas conversaciones y reacciones que surgen de manera orgánica y espontánea de parte de nuestros clientes o consumidores, sin que la marca tenga que pagar ni cree el contenido.

La importancia de estos medios es vital, pues son sumamente potentes a la hora de generar confianza, ya que, en general, nos fiamos más de las recomendaciones que nos llegan de boca en boca, que de la información que viene directamente de quien nos 'vende' algo.

Componentes del Entorno Digital

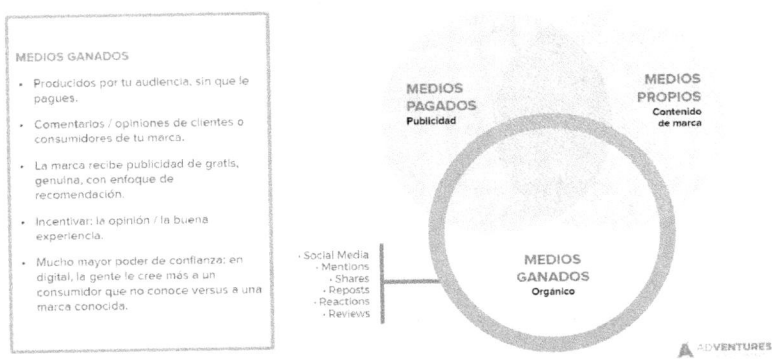

Incluyen todos los comentarios y opiniones que los usuarios hacen sobre nosotros en cualquier foro digital, bien sea en las redes sociales, bien en páginas especializadas, tales como:

- **Mentions** – tal como suena, cuando alguien nos nombra o se refiere a nosotros

- **Shares** – cuando alguien comparte, de forma voluntaria, algo sobre nosotros con sus contactos

- **Reposts** – cuando alguien toma algo que hemos publicado y lo republica para sus contactos

- **Reviews** – cuando alguien hace una crítica o una reseña sobre nosotros, en páginas como Amazon, Booking, Expedia, entre otros.

Sin embargo, también existen algunos inconvenientes, como son el no poder 'controlar' la opinión que se tiene de nosotros ni supervisar constantemente todos los posibles canales donde se pueden expresar.

MEDIOS PROPIOS

Por último, y desde mi punto de vista, los más importantes: tenemos los medios propios, constituidos por aquellos espacios, canales o contenidos que la marca crea, define y usa para comunicar sus mensajes y vender nuestros productos y servicios en la web.

En el pasado, estos medios simplemente no existían. O pagabas para que hablaran de tu marca o hacías las cosas tan bien (o tan mal) que se hablaba de tu marca sin que hicieras nada. Al surgir el internet, por primera vez se pone en las manos de las marcas la posibilidad de crear espacios propios, establecer una voz, definir la conversación que se quiere mantener y diseñar experiencias únicas con sus usuarios y clientes.

Los medios propios son, como su nombre indica, los que mejor reflejan y posicionan su marca y su oferta y los que más enfocados están a las necesidades e intereses de sus clientes actuales y potenciales.

Componentes del Entorno Digital

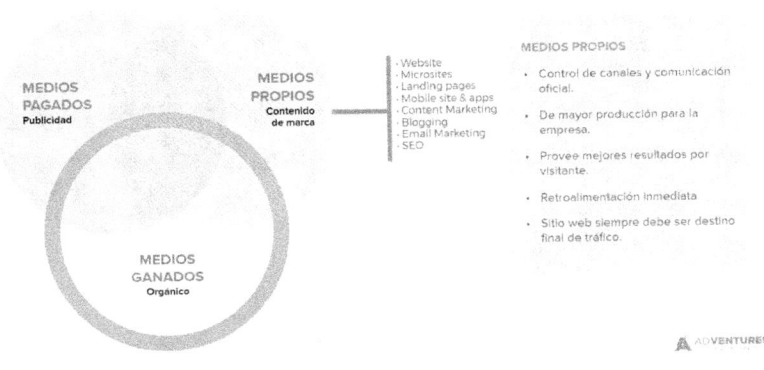

Estas propiedades digitales, como también se les conoce, incluyen el sitio web de la marca, el desarrollo de aplicaciones móviles, microsites y landings de campañas, hasta toda la gestión para posicionarnos en los buscadores; también toda comunicación que generemos y enviemos a nuestra base de datos de prospectos y clientes a través de correo electrónico, SMS o celular:

- **Website corporativo** – compuesto por una serie de páginas que permiten a la marca definir su imagen, sus funcionalidades, la manera en que los usuarios interactúan con la misma, pero sobretodo diseña una experiencia completa para la captación de datos sobre los usuarios;

- **Aplicaciones móviles** – diseñadas para sistemas operativos móviles (iOS, Android, Windows Mobile, etc.), así como para tablets y otros dispositivos, normalmente tienen una funcionalidad definida que busca asegurar la interactividad y la transacción;

- **Microsites** – sitios independientes, creados para promocionar eventos, productos o servicios concretos y/o ideados para llegar a públicos o segmentos objetivos;

- **Blog** – contenidos creados expresamente para compartir noticias, opiniones y otras informaciones, normalmente publicadas en orden cronológico inverso, para que la más reciente sea la más visible con un tono más llano e informal;

- **SEO** – estrategias y técnicas basadas en la optimización de contenidos, a través del uso de palabras claves, para que sean consideradas como más relevantes por los motores de búsqueda, como Google, Bing, etc.

- **Content marketing** – estrategia de contenidos que prima la relevancia sobre la promoción, con el fin de ser de utilidad al lector, proporcionando información valiosa de manera "desinteresada".

La gran oportunidad que traen los medios propios es la de la captación de los datos de los usuarios de "primera mano" y con esto, convertir esas visitas - que hasta ese momento son anónimos - en personas con nombres, apellidos y método de contacto. Urge prestar atención de forma particular a este ecosistema, pues solo en la medida que podamos ir "nutriendo" a estos usuarios, podemos abrir paso a convertir a esa persona en un potencial cliente con intereses e intención de compra claramente definidos.

Más aún, imaginemos un ecosistema donde podamos integrar esta información junto a la data que pueda tener un CRM o sistema de gestión empresarial, y nos permite crear perfiles de audiencias para entender mejor a nuestros consumidor, aumentar la interacción con los usuarios y hasta predecir comportamientos respeto a nuestros productos y servicios.

A pesar de las grandes posibilidades que nos ofrecen, los medios propios son los grandes olvidados en las estrategias de marca, talvez porque son los que requieren mayor nivel de producción y contar con recursos propios o contratados para garantizar la periodicidad de publicación de los contenidos.

¿EXISTE UNA ESTRATEGIA PERFECTA?

La mejor estrategia dependerá siempre de las necesidades, los recursos y los objetivos de cada marca. Pero, como regla general, las que han diseñado acciones complementarias y convergentes de todos los medios disponibles, podrán desarrollar una presencia más sólida con mejores resultados.

Ninguno de los tres medios es perfecto, ni uno no sustituye al otro. Empleados correctamente, cada uno alimenta y capitaliza el efecto de los demás.

Los medios pagados permiten promocionar los medios propios y llevar tráfico hacia ellos, a la vez que pueden ayudar a aumentar los niveles de engagement en las conversaciones que se generan en los medios ganados y provocar mayor eco en las redes sociales. Mientras tanto, los ganados son capaces de potenciar el valor de los medios propios, añadiendo la anhelada capa de la recomendación y haciendo que lleguen a audiencias nuevas bajo su endoso. Por último, los medios propios son los que ofrecen la mayor oportunidad de generación de leads, y convertir a los visitantes anónimos en personas con nombre y apellido y así transformar sus intereses en intenciones de compra.

El reto para toda marca, especialmente con productos y servicios de alto valor, es desarrollar un ecosistema digital propio y plenamente integrado, que aproveche las bondades de cada medio y nos ayude a cumplir con nuestros objetivos de generación de ingresos y negocios.

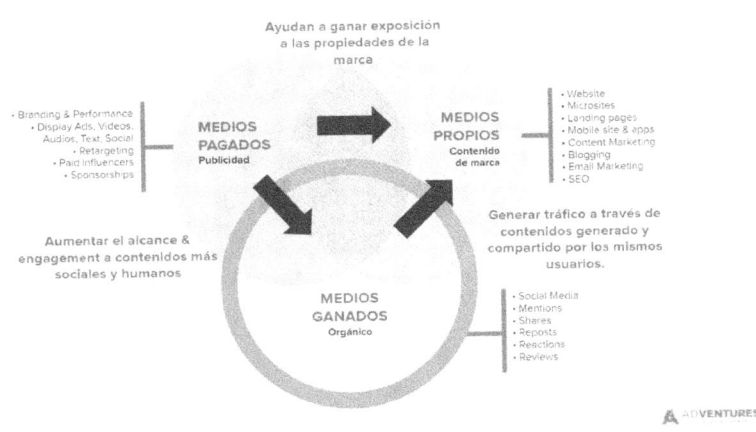

CAPÍTULO 3: DESARROLLO DE PRODUCTOS Y SERVICIOS DE ALTO VALOR

Definir propuestas de alto valor es un arte. Es un viaje que comienza con la identificación precisa de un vacío en el mercado - una necesidad insatisfecha, un deseo no cumplido, una sed de algo más que aún no ha sido saciada. Aquí, en la conceptualización de esos productos o servicios, se encuentran los alquimistas del valor, aquellos que transforman la comprensión profunda del mercado en ofertas que los clientes no solo desean, sino que realmente anhelan.

La gente no compra productos en el vacío; invierte en la promesa de un destino deseado, en el resultado tangible que ese producto o servicio les llevará a alcanzar. Es esta transformación la que deberá ser el norte de tus entregables. Y son estos entregables los que dictarán el formato de tu producto o servicio.

Piensa en ello como un alquimista que no transforma metales en oro, sino esperanzas y necesidades en resultados concretos. La clave está en perfilar con claridad el resultado que tus clientes desean fervientemente y luego diseñar cada aspecto de tu producto o servicio para que sea el vehículo que los lleve hacia ese resultado. La creación de un producto o servicio debe ser impecable en su diseño y funcionalidad, debe anticipar las necesidades del cliente, incluso antes de que sean plenamente conscientes de ellas, y debe envolverlos en una experiencia que hable directamente a sus deseos más profundos. No es solo una transacción; es una transformación.

Convertir este producto en una oferta irresistible no es simplemente una cuestión de agregar más características o descontar el precio. Tampoco el desarrollo de esta oferta comienza con lo que puedes hacer, sino con lo que tu cliente necesita que hagas. Crear una oferta irresistible es una invitación a experimentar lo extraordinario. Cada característica, cada mensaje que comuniques debe estar imbuido con la visión de ese destino final que tu cliente anhela. Se trata de diseñar experiencias, de tejer la excelencia en cada punto de contacto, de asegurarse de que cada elemento del producto o servicio resuene con la promesa de un valor excepcional.

Y cuando se trata de estrategias de precios para estos servicios o productos de lujo, no estamos simplemente etiquetando un costo; estamos estableciendo un valor. El precio se convierte en un reflejo de la singularidad, un indicador de la exclusividad y una medida de la transformación que el cliente experimentará.

Este capítulo es una invitación a los creadores, los innovadores, los visionarios. Es una convocatoria para aquellos que buscan no solo participar en el mercado, sino definirlo. A través de las páginas siguientes, desglosaremos cómo identificar las necesidades del mercado, cómo infundir en tu oferta una atracción magnética y cómo articular el valor de tal manera que el precio se convierta en un detalle menor frente al valor monumental que proporcionas.

IDENTIFICACIÓN DE NECESIDADES DEL MERCADO

Antes de que una sola idea se convierta en un esquema, antes de que la primera línea de código sea escrita o el primer boceto sea diseñado, debe haber una comprensión profunda y empática de las necesidades del mercado. Para los productos y servicios de high-ticket, esto no es simplemente un paso preliminar; es el fundamento sobre el cual se construirá toda la estructura de la oferta.

La identificación de las necesidades del mercado comienza con la escucha activa. Las herramientas de análisis de datos, las encuestas de clientes y los grupos focales pueden revelar mucho, pero la verdadera comprensión surge de una inmersión total en el mundo del cliente. ¿Qué frustraciones encuentran en su día a día?

¿Qué sueños tienen sin cumplir? ¿Qué soluciones están buscando activamente y no encuentran? La clave no está solo en recopilar datos, sino en interpretar las historias y emociones que hay detrás de esos datos.

Una vez que entiendas los deseos y problemas del cliente, el siguiente paso es identificar la brecha entre lo que el mercado ofrece actualmente y lo que el cliente necesita realmente. Este espacio vacío es tu oportunidad de oro. La brecha puede ser un problema sin resolver, una necesidad emocional no satisfecha, o incluso una aspiración que aún no ha sido abordada adecuadamente por los productos existentes.

DEFINIENDO EL CLIENTE IDEAL: LA BÚSQUEDA DE CONEXIONES PROFUNDAS

La identificación de necesidades no es un ejercicio genérico; debe ser hiperespecífica. Es un viaje al núcleo de sus deseos y temores más íntimos. No es una tarea superficial; se trata de escudriñar en las conversaciones internas que tu cliente ideal mantiene consigo mismo, las que revelan no solo sus necesidades evidentes, sino también aquellos anhelos y preocupaciones que yacen en lo más recóndito de su ser.

Esto significa no solo conocer a tu cliente, sino también definir quién es tu cliente ideal. ¿A quién estás sirviendo exactamente? ¿Cuáles son sus características demográficas, sus hábitos, sus preferencias y aversiones? Una vez que tengas una imagen clara de tu cliente ideal, podrás diseñar soluciones que resuenen con él a un nivel más profundo y personal.

Para identificar a tu cliente ideal, debes empezar por entender lo que realmente le importa en un nivel profundo. Esto implica conocer sus metas y valores, sus esperanzas y sueños. ¿A quién o qué aspira a ser? Esta comprensión debe ser específica, tangible y concreta. Al ayudarles a realizar X, ¿qué mejora sustancial se manifestará en sus vidas? Visualiza no solo el logro de sus objetivos sino también la alineación con sus valores más preciados.

El siguiente paso es profundizar en los problemas y desafíos de tu cliente ideal. ¿Qué les enfada o les hace sentir menospreciados? En otras palabras, ¿qué les impide dormir por la noche? No te limites a lo superficial; busca ser tan específico, tangible y concreto como sea posible. Al entender sus dificultades, puedes diseñar una solución que no solo les ayude a superar estos obstáculos sino que también les proporcione una paz y satisfacción duraderas.

El siguiente paso es visualizar ahora que has creado un producto que resuelve el problema de tu cliente ideal. Mira hacia su futuro a 1, 5 y 10 años. ¿Cómo ha influido positivamente tu producto en su vida? ¿En qué aspectos es su vida diferente? Debes ser capaz de pintar un cuadro detallado de su éxito, mostrando cómo tu producto no solo ha cambiado su situación actual, sino que también ha tenido un efecto transformador a largo plazo.

Finalmente, reflexiona sobre quién se convertirá tu cliente ideal como resultado de tu producto. ¿Qué otros cambios positivos o transformaciones se producirán en su vida relacionados con tu nicho? Y más allá de eso, ¿qué otros cambios positivos o transformaciones ocurrirán en su vida en general? La respuesta a estas preguntas debe ser detallada, palpable y precisa. Al tener claridad sobre quién se convertirá tu cliente ideal, puedes retroceder y construir el camino que los llevará a esa transformación, empezando por tu producto o servicio.

La definición del cliente ideal es más que un ejercicio de marketing; es la creación de un pacto implícito con aquellos a quienes eliges servir. Tu compromiso es con su transformación completa, no solo con la transacción. Al conocer y comprender profundamente a tu cliente ideal estás siendo el artífice de su evolución y éxito.

LA PRUEBA DEL MERCADO

Con las necesidades del mercado meticulosamente mapeadas y el perfil de tu cliente ideal claramente delineado, el siguiente paso crítico es la validación. Este proceso es el termómetro que mide la fiebre de interés que tu producto o servicio ha generado y te proporciona una orientación invaluable para realizar ajustes precisos. La validación es un puente entre la teoría y la realidad tangible del mercado, y cruzarlo con éxito requiere una mezcla de creatividad y análisis cuidadoso.

La creación de prototipos y las pruebas de concepto son herramientas fundamentales en esta etapa. Te ofrecen la oportunidad de presentar una representación tangible de tu idea a un grupo selecto de consumidores y obtener su reacción en tiempo real. No subestimes el poder de un prototipo funcional; incluso en su forma más rudimentaria, puede ser revelador y cambiar el curso de tu desarrollo de producto.

Las campañas de marketing de prueba son otro componente vital. Estas campañas pueden adoptar muchas formas, desde anuncios digitales dirigidos hasta pequeños lanzamientos en mercados específicos. Observa no solo las métricas de participación y conversión, sino también las interacciones cualitativas: los comentarios, las preguntas, las expresiones de entusiasmo o preocupación. Cada dato es una pieza del rompecabezas que estás completando.

Sin embargo, una de las estrategias más eficaces para validar tus ideas es a través del uso de un lead magnet seguido de una encuesta. El lead magnet debe ser un recurso de alto valor que llame la atención y genere interés, algo tan irresistible que el cliente potencial esté dispuesto a intercambiar su contacto o información por él. Este podría ser un eBook detallado, un webinar informativo, una herramienta interactiva o incluso un análisis o reporte exclusivo. La clave es que este recurso no solo sea relevante y valioso, sino que también esté intrínsecamente vinculado al producto o servicio que estás desarrollando.

Una vez que el lead magnet ha cumplido su función de atraer a los clientes potenciales, el siguiente paso es conducirlos a una encuesta. Esta encuesta debe ser cuidadosamente elaborada para extraer no solo confirmaciones de interés, sino también percepciones profundas sobre las expectativas del cliente, puntos de dolor adicionales no identificados y comentarios sobre la solución propuesta. Cada pregunta debe ser intencionada y diseñada para desenterrar insights que puedan ser accionables.

Asegúrate de que la encuesta sea lo suficientemente atractiva y valiosa como para que los participantes se sientan motivados a completarla. Esto puede significar ofrecer incentivos adicionales o mostrar cómo su retroalimentación contribuirá a una solución que les beneficie directamente.

La validación es un baile delicado entre pedir y dar. Al ofrecer valor primero, estás creando una relación de reciprocidad que te permite solicitar aportes significativos.

Este intercambio no solo enriquece tu investigación, sino que también comienza a cultivar una comunidad de futuros clientes comprometidos y entusiastas, listos para recibir tu producto final.

INNOVACIÓN BASADA EN NECESIDADES

Finalmente, el desarrollo de productos de high-ticket debe ser una innovación guiada por las necesidades identificadas. Esto significa ir más allá de las características y funcionalidades básicas; se trata de inyectar creatividad y pensamiento estratégico en cada aspecto del producto para que cumpla y exceda las expectativas del cliente.

Para exceder las expectativas, debes conocerlas y luego apuntar más alto. Esto puede significar adoptar las últimas tecnologías, pero también puede ser tan sencillo como mejorar la usabilidad o la estética. La clave es la diferenciación significativa. ¿Qué puede hacer tu producto que otros no? ¿Cómo puede tu servicio cambiar la vida de tus clientes de una manera que otros servicios no han considerado?

La innovación debe ser pensada no como una función, sino como una experiencia completa y transformadora. No se trata solo de lo que el producto hace, sino de cómo hace que el cliente se sienta, cómo encaja en su vida y cómo le ayuda a alcanzar sus aspiraciones. La innovación efectiva toma esta comprensión y la traduce en características que sorprenden, que aportan un placer inesperado o que eliminan fricciones no articuladas pero profundamente sentidas.

Identificar con precisión las necesidades del mercado es tanto un arte como una ciencia. Al convertirte en un experto en lo que tu cliente ideal realmente quiere y necesita, no estás solo creando un producto; estás forjando una solución que se convertirá en una oferta irresistible. Es el arte y la ciencia de entrelazar la creatividad y el pensamiento estratégico para diseñar una oferta que no solo responda a las expectativas del cliente, sino que las supere de tal manera que el valor se haga autoevidente y la elección, inevitable. Y eso es, precisamente, lo que se necesita para triunfar en el competido mundo de los productos y servicios de high-ticket.

CREACIÓN DE OFERTAS IRRESISTIBLES

La creación de ofertas irresistibles es un arte que va más allá de la simple transacción comercial; es un proceso de seducción, donde cada detalle de tu producto o servicio está diseñado para enamorar a tu cliente ideal. En el mercado de high-ticket, la oferta no puede ser simplemente buena, debe ser magnética, atrayendo a los clientes hacia ella con la promesa de un valor que no pueden encontrar en ningún otro lugar.

Una oferta irresistible comienza con el diseño de la experiencia completa que el cliente vivirá. Desde el primer contacto hasta el servicio postventa, cada paso debe ser una confirmación de que han tomado la decisión correcta. Esto implica una presentación impecable, un proceso de compra sin fisuras y un soporte que no solo resuelva problemas, sino que deleite.

ELEMENTOS DE UNA OFERTA IRRESISTIBLE

Exclusividad: La sensación de tener acceso a algo único es poderosamente atractiva. Ofrece ediciones limitadas, acceso anticipado o personalización que haga que tus clientes se sientan especiales.

Claridad de Valor: Comunica claramente cómo tu oferta cambia el juego. ¿Qué resultados pueden esperar? ¿Qué dolor elimina? ¿Qué sueños hace realidad?

Garantías Sólidas: Minimiza el riesgo percibido ofreciendo garantías sólidas. Una promesa de satisfacción o una garantía de devolución de dinero puede ser el empujón que necesitan para comprometerse.

Bonificaciones Estratégicas: Agrega valor con bonificaciones que complementen y amplíen la oferta principal. Estas deben ser relevantes y aumentar el valor percibido del paquete total.

Prueba Social: Incluye testimonios, estudios de caso y reseñas que demuestren el impacto de tu oferta. La prueba social no es solo persuasiva, es tranquilizadora.

Además de los beneficios tangibles, tu oferta debe resonar emocionalmente. Las personas compran resultados, pero también compran historias, ideales y futuros mejores. La narrativa que construyes alrededor de tu oferta debe hablar a las aspiraciones de tus clientes, alinear con su sentido de identidad y presentar un futuro enriquecido por tu producto o servicio.

CÓMO CREAR UNA OFERTA EXITOSA PARA TU PRODUCTO HIGH-TICKET

La sensación de emoción y satisfacción después de realizar una compra significativa no es casualidad; es el resultado de una oferta cuidadosamente orquestada que se ha centrado intensamente en el consumidor. Las ofertas que despiertan ese sentimiento de felicidad son las que convierten clientes potenciales en embajadores de la marca.

Crear una oferta que venda no es magia, es metodología. Aquí tienes los 9 elementos cruciales que deben ser la columna vertebral de tu oferta para que sea realmente irresistible y para que impulsen tus ventas en Internet:

Producto o Servicio Concreto: Define con precisión lo que estás ofreciendo. Asegúrate de que tu producto o servicio sea algo que tus clientes deseen y necesiten.

Ofrece una transformación: Haz promesas que puedas cumplir y que signifiquen algo valioso para tus clientes. Ofrece experiencias que transformen su estado actual hacia uno más deseado.

Crea un nombre memorable: Elige un nombre para tu oferta que resuene, que se adhiera a la memoria de tus clientes con la facilidad de una melodía pegajosa. Un título memorable no solo diferencia tu producto en un mar de competencia, sino que también facilita el boca a boca y la viralidad de tu marca.

Beneficios reales: Comunica los beneficios de tu oferta, no solo las características. Los clientes compran soluciones, no productos.

Bonificaciones por la compra: Incluye bonos que agreguen valor extra y que hagan que tu oferta sea más atractiva. Las bonificaciones deben complementar y mejorar el producto principal.

Facilidades de pago: Proporciona opciones de pago que hagan tu oferta accesible para un público más amplio. Los planes de pago pueden ser la diferencia entre una venta y una oportunidad perdida.

Garantía de satisfacción: Ofrece una garantía que elimine el riesgo para el comprador. Esto demuestra confianza en tu oferta y reduce la barrera psicológica para la compra.

Establece un precio inferior al valor percibido: Fija el precio de tu oferta significativamente más bajo que el valor que los clientes perciben que tiene. Esta estrategia crea una disparidad entre el costo y el valor que genera una atracción magnética hacia la compra, al presentar una propuesta de valor tan convincente que la decisión de adquisición se convierte en una obviedad.

Genera sentido de urgencia y escasez: Crea una sensación de urgencia con una oferta por tiempo limitado. Esto motiva a los clientes a actuar rápidamente para no perderse la oportunidad. Establecer una ventana de disponibilidad restringida, ayuda a convertir la indecisión en impulso y la contemplación en compromiso.

CAPÍTULO 4: DOMINANDO EL ARTE DEL BRANDING Y POSICIONAMIENTO PARA PRODUCTOS DE ALTO VALOR

En el mundo del lujo y los productos de alto valor, el branding y el posicionamiento no son simplemente partes del juego; son el terreno donde se libran las batallas más decisivas. Aquí, te sumergirás en el arte y la ciencia de construir una marca que no solo resuene con exclusividad y excelencia, sino que también se grabe en la mente y el corazón de tu audiencia.

Forjar una marca de prestigio es como esculpir en mármol: cada golpe cuenta. Desde la paleta de colores hasta la promesa de marca, cada elemento debe ser una expresión de calidad intransigente y distinción. Pero la verdadera magia surge cuando estos elementos se unen para contar una historia, tu historia, de una manera que ningún competidor pueda igualar. Este capítulo revelará cómo alinear visualmente, narrativamente y estratégicamente tu marca para que se destaque como un faro de excelencia en un mar de mediocridad. No es suficiente ser uno más en el mercado; debes ser el único que tus clientes consideran. Crear una marca de prestigio implica encontrar tu nicho único, construir tu autoridad, reclamar y solidificar tu posición en el mercado de alto valor para ocupar un lugar preferencial en la mente de nuestros consumidores.

Posteriormente, exploraremos cómo enganchar a tu audiencia a través del poder del contenido. En el corazón de una estrategia de branding exitosa se encuentra el contenido que no solo atrae sino que también retiene. Atreverse a ir más allá de lo ordinario con blogs que educan, videos que fascinan y campañas en redes sociales que crean comunidades para captar la atención, y forjar conexiones profundas y duraderas con tu audiencia.

Finalmente, pero no menos importante, abordaremos cómo desplegar tus alas con campañas publicitarias y promocionales que no solo capturan la imaginación sino que también encienden el deseo. Este no es el mundo de los descuentos y las ofertas; es el reino de las experiencias únicas y las oportunidades exclusivas. Aprenderás a diseñar campañas de posicionamiento que no solo resuenan con tu audiencia de alto valor sino que también refuerzan la esencia misma de tu marca.

Al final de este capítulo, estarás armado no solo con el conocimiento, sino también con la inspiración para elevar tu marca a alturas estratosféricas, asegurando que sobrevivas en el mercado de productos de alto valor, y que verdaderamente prosperes.

EL NACIMIENTO DE UN GIGANTE: CREACIÓN Y POSICIONAMIENTO DE UNA MARCA DE PRESTIGIO

En un mercado global, el acto de crear y posicionar una marca de prestigio es equivalente a la génesis de un gigante. No se trata simplemente de lanzar un nuevo jugador al ruedo, sino crear un imán que atraiga la atención, el respeto y la admiración del mundo. En este proceso la visión se encuentra con la estrategia, y juntas, forjan un legado.

El primer paso en este viaje titánico es construir autoridad. Una marca de prestigio no grita por atención; más bien, comanda el escenario con una presencia indiscutible que proviene de un profundo conocimiento y dominio de su campo. La autoridad se construye a través de la innovación constante, la calidad incomparable y una experiencia de cliente que no solo satisface, sino que deleita y sorprende. Cada producto, cada servicio, cada interacción debe ser un testimonio de la excelencia intransigente y el compromiso de la marca con la superación.

En segundo lugar, en el mercado de alto valor, no basta con ser uno más del montón; es imperativo ocupar un lugar único en la mente y el corazón de los consumidores. La verdadera grandeza surge de la diferenciación. Esto se logra identificando y comunicando de manera efectiva lo que te hace único. Al articular claramente tu propuesta de valor única, creas un espacio exclusivo para tu marca que trasciende la competencia y te posiciona como la opción preferencial.

Adicionalmente, cada marca de prestigio tiene su mitología, una narrativa que captura la imaginación y fomenta una conexión emocional profunda. Esta historia no es solo sobre el origen o las características del producto; es una visión compartida, un conjunto de valores y un sueño del futuro que resonará con tus consumidores, tal como veíamos en el Capítulo 3 en el acápite sobre la definición del cliente ideal. La clave está en contar la historia de tu consumidor, de manera que cada capítulo revele más de su carácter único, su necesidad de transformación y su destino. A través del storytelling efectivo, conviertes consumidores en seguidores leales, embajadores apasionados de tu marca.

La cúspide del posicionamiento de marca es cuando tu nombre se convierte en sinónimo de la categoría misma. Alcanzar este nivel de reconocimiento y preferencia requiere una consistencia implacable en la calidad, una comunicación estratégica que destaque tu valor único y una experiencia de cliente que exceda las expectativas en cada punto de contacto. Es un juego de paciencia y precisión, donde cada movimiento está diseñado para reforzar tu posición y construir una relación duradera con tu audiencia.

El nacimiento de un gigante en el mundo de las marcas de prestigio es un proceso meticuloso y deliberado. Requiere una visión audaz, una estrategia inteligente y una ejecución impecable. Pero sobre todo, demanda una comprensión profunda de lo que tu marca representa y cómo puede iluminar la vida de tus consumidores. Al alinear visual, narrativa y estratégicamente tu marca, no solo creas una marca de prestigio; lanzas un faro de excelencia que guía a tus consumidores a través de un mundo saturado, directo a las puertas de tu gigante.

CONSTRUCCIÓN DE AUTORIDAD: EL ALMA DE LA MARCA

La construcción de autoridad es el más crítico en el viaje hacia el establecimiento de una marca de prestigio. La autoridad de una marca emana de su capacidad para no solo participar en su industria, sino para liderarla. Esto significa ir más allá del conocimiento superficial y sumergirse en las profundidades de la maestría.

Pero, ¿cómo se manifiesta esta autoridad? A través de la innovación constante, donde cada producto o servicio mejora de forma incremental y desafía constantemente lo convencional y el status quo. Es en la capacidad de una marca para redefinir los límites, para establecer nuevos estándares, donde su autoridad comienza a tomar forma.

La autoridad además se sostiene en la promesa de calidad inquebrantable. No es suficiente que un producto funcione bien; debe exceder todas las expectativas en cada aspecto imaginable. Desde la elección de materiales hasta la precisión del diseño, desde la eficacia del servicio hasta la experiencia post-venta, cada detalle cuenta. La calidad se convierte en el idioma a través del cual la marca habla, una declaración irrevocable de su compromiso con la excelencia y un reflejo de su dominio sobre la industria a la que pertenece.

Sin embargo, la autoridad no reside solo en la innovación o la calidad; se arraiga profundamente en la experiencia del cliente. Una marca de prestigio comprende que cada interacción es una oportunidad para sorprender y deleitar. Se trata de crear momentos que sean memorables, experiencias que despierten alegría, satisfacción y asombro. Este enfoque holístico hacia la satisfacción del cliente asegura que la relación entre la marca y sus consumidores sea no solo persistente, sino profundamente emocional.

Finalmente, la construcción de autoridad es un viaje sin fin hacia la superación. No hay líneas de llegada, solo hitos en un camino perpetuo de crecimiento y evolución. La verdadera marca de prestigio es aquella que se compromete incansablemente con el perfeccionamiento, que ve cada logro no como un punto final, sino como el comienzo de la próxima gran aventura. Este compromiso inquebrantable con la superación es lo que verdaderamente diferencia a las marcas líderes, solidificando su autoridad y asegurando su lugar en el panteón de las marcas de prestigio.

FORJANDO LA DIFERENCIACIÓN

El consumidor de este segmento busca algo más que productos o servicios; busca singularidad, una resonancia que hable directamente a sus aspiraciones y valores. En este contexto, la diferenciación se convierte en el pilar sobre el cual se construye el imperio de una marca.

La diferenciación comienza con un profundo autoconocimiento. ¿Cuál es la esencia de tu marca? ¿Qué historias, valores y visiones la definen? Al sumergirte en estas preguntas, comienzas a desenterrar los tesoros únicos que te distinguen en un mar de similitud. Este proceso de introspección debe ir más allá de la superficie, explorando no solo lo que ofreces, sino cómo y por qué lo haces.

Una vez que has identificado esos elementos que te hacen único, el siguiente desafío es comunicarlos de manera que resuene con claridad y potencia. Tu propuesta de valor única va más allá de una lista de características o beneficios; es una promesa, una declaración de lo que los clientes pueden esperar experimentar solo a través de tu marca. Esta comunicación debe ser coherente en todos los puntos de contacto, desde tu sitio web y campañas publicitarias hasta la experiencia de servicio al cliente. Cada interacción es una oportunidad para reforzar lo que te hace especial y por qué eso importa.

Al comunicar efectivamente tu propuesta de valor única, haces más que simplemente informar a tus consumidores; los invitas a entrar en un mundo exclusivo, uno que ha sido cuidadosamente diseñado con sus deseos y necesidades en mente. Este espacio mental y emocional que ocupas es tu territorio exclusivo, un lugar donde la competencia se vuelve irrelevante porque has ofrecido algo que no pueden replicar: una conexión auténtica.

Este posicionamiento no solo eleva tu marca en la percepción de los consumidores, sino que también crea barreras de lealtad difíciles de superar. Cuando los clientes encuentran una marca que realmente resuena con ellos a nivel personal y emocional, su compromiso trasciende la lógica o el precio. Se convierten en defensores, en embajadores que comparten tu historia y amplifican tu mensaje.

La culminación de este proceso de diferenciación es el reconocimiento de tu marca como la opción preferencial en su segmento de mercado. Esta decisión se traduce en preferencia; y en muchos casos, hasta de identidad. Los consumidores eligen tu marca porque refleja algo de sí mismos, algo que valoran y aspiran a ser. Al posicionarte de esta manera, aseguras que tu marca sea vista, elegida y, lo que es más importante, amada.

NARRATIVA ESTRATÉGICA: TEJIENDO EL MITO DE LA MARCA

En el tejido de una marca de prestigio, la narrativa desempeña un papel tan crucial como la calidad de sus productos o la innovación de sus servicios. Esta narrativa, o mitología de la marca, es el alma que respira vida en la estructura corporativa, transformando entidades comerciales en relatos vivos que capturan la imaginación y forjan conexiones emocionales profundas con el público. Pero, ¿qué compone esta mitología?

Como se discutió en el Capítulo 3, entender profundamente a tu cliente ideal es el primer paso para tejer esta narrativa. Sin embargo, el arte del storytelling va más allá de entender; se trata de reflejar. Es un diálogo donde la marca no solo habla de sí misma, sino que narra la historia del consumidor: sus luchas, sus sueños, su búsqueda de significado y su viaje hacia la transformación. Al narrar la historia a través de la lente del consumidor, cada punto de contacto, cada producto, cada campaña se convierte en un capítulo que revela más sobre su carácter único, sus desafíos y su destino.

Este enfoque de contar la historia del consumidor hace que la marca sea más que un proveedor de productos o servicios; se convierte en un compañero en el viaje de la vida del cliente, un facilitador de sus aspiraciones y un testigo de su transformación. Esta conexión emocional es lo que convierte a los consumidores en seguidores leales y embajadores apasionados. Se sienten parte de algo más grande, una comunidad que comparte valores y visiones.

La efectividad del storytelling radica en su autenticidad y relevancia. Las historias deben ser verdaderas, reflejando genuinamente los valores y la misión de la marca, y al mismo tiempo, deben ser relevantes para los consumidores, abordando sus necesidades y aspiraciones. Además, estas narrativas deben ser coherentes a través de todos los canales de comunicación, reforzando el mensaje central y fortaleciendo la identidad de la marca.

OCUPANDO UN LUGAR PREFERENCIAL EN LA MENTE DEL CONSUMIDOR

La cúspide del posicionamiento de marca, ese momento mágico cuando tu nombre se convierte en el estándar de referencia dentro de tu categoría, es el resultado de un enfoque meticuloso y una ejecución impecable a lo largo del tiempo. Lograr este reconocimiento supremo y la preferencia del mercado no es un acto de casualidad; es el fruto de una persistencia en mantener la más alta calidad, desplegar una comunicación estratégica afilada y proporcionar una experiencia al cliente que constantemente sorprenda y deleite más allá de lo esperado.

La calidad excepcional es la base sobre la cual se construye una marca de prestigio. Pero alcanzar la cúspide del posicionamiento requiere más que solo ofrecer excelencia ocasional; demanda una dedicación sin fallos a la calidad en cada producto, servicio e interacción. Esta consistencia crea una base de confianza sólida con tus clientes, asegurando que, sin importar cuándo o cómo interactúen con tu marca, la experiencia será siempre sinónimo de lo mejor de lo mejor. Es este compromiso inquebrantable con la excelencia lo que eleva tu marca, haciéndola digna de convertirse en un ícono dentro de su categoría.

La experiencia que ofreces a tus clientes en cada punto de contacto es crucial. Para que tu marca se convierta en sinónimo de toda una categoría, cada interacción debe ser diseñada para exceder las expectativas. Esto va desde el momento de la consideración y compra hasta el servicio post-venta. Cada punto de contacto es una oportunidad para reforzar la percepción de tu marca como líder indiscutible en su campo. Proporcionar una experiencia excepcional es el toque mágico que puede transformar a clientes satisfechos en defensores fervientes de tu marca.

Lograr un posicionamiento en la cúspide de tu categoría es un proceso que requiere paciencia, precisión y atención constante a los detalles. Cada decisión tomada, desde el diseño del producto hasta la estrategia de marketing, debe estar alineada con el objetivo a largo plazo de fortalecer tu posición en el mercado. Este enfoque meticuloso asegura que, con el tiempo, tu marca no solo sea reconocida por su excelencia, sino que también sea venerada como la representación definitiva de su categoría. En este escenario, tu marca no solo logra un lugar en la mente de los consumidores, sino que también ocupa un espacio privilegiado en sus corazones, convirtiéndose en la elección predilecta y en un verdadero gigante en su dominio.

MARKETING DE CONTENIDO: ENGANCHANDO A LA ÉLITE

En el exclusivo universo de los productos y servicios de high-ticket, el marketing de contenido es una estrategia sofisticada diseñada para enganchar, educar y convertir a un nicho de mercado altamente selectivo. Este segmento requiere un enfoque meticuloso que hable directamente a las aspiraciones, necesidades y deseos únicos de consumidores que buscan algo más allá de lo ordinario.

El primer paso para capturar la atención de este público es producir contenido que resuene a un nivel personal y emocional. Esto significa ir más allá de los blogs o artículos estándar para explorar formatos que inviten a la interacción y ofrezcan una experiencia inmersiva. Videos de alta calidad que muestren la artesanía detrás de un producto, webinars que profundicen en las historias de éxito de clientes o podcasts que exploren tendencias de la industria pueden ser especialmente efectivos. El objetivo es crear un contenido que no solo informe, sino que también inspire y eleve la percepción del consumidor sobre lo que es posible.

Adicionalmente, la educación juega un papel crucial. Los consumidores de este segmento buscan validar su decisión de invertir en una oferta premium. Proporcionarles contenido que eduque sobre los beneficios únicos, la superioridad tecnológica, o el impacto transformador de tu producto o servicio puede ayudar a justificar el precio premium en sus mentes. Guías detalladas, estudios de caso y análisis en profundidad que demuestren el valor tangible y los resultados pueden ser decisivos en el proceso de toma de decisiones.

Cada pieza de contenido es una extensión de la narrativa de tu marca, donde demostramos exclusividad, lujo y prestigio. Cada historia compartida a través de tu contenido debe reforzar la percepción de tu marca como líder indiscutible en su espacio, digna de la inversión de alto ticket.

Para asegurar que tu contenido sea encontrado por aquellos que buscan activamente lo que ofreces, y personalizar ese contenido para satisfacer las variadas necesidades y preferencias dentro de tu audiencia objetivo, la optimización y segmentación del contenido son fundamentales. El análisis de datos y retroalimentación de los clientes para refinar y adaptar tu estrategia de contenido asegura que estés siempre hablando directamente a los deseos y necesidades de tus consumidores más valiosos.

Finalmente, el marketing de contenido para productos y servicios de high-ticket se trata de construir y nutrir relaciones a largo plazo. Cada artículo, cada video, cada webinar debe ser una invitación para que los consumidores se sumerjan más profundamente en el mundo de tu marca, fomentando un compromiso continuo y fortaleciendo la lealtad del cliente. Al centrarse en proporcionar valor constante a través de tu contenido, estableces las bases para una relación duradera que puede traducirse en repetidas compras y recomendaciones entusiastas.

PASOS PARA DEFINIR TU ESTRATEGIA DE CONTENIDO DE POSICIONAMIENTO

Definir una estrategia de contenido eficaz para el posicionamiento de tu marca, especialmente en el mercado de high-ticket, implica una serie de pasos críticos. Esta estrategia debe ser meticulosamente planificada y ejecutada para asegurar que cada pieza de contenido contribuya a construir y mantener la percepción deseada de tu marca. Aquí te detallo los pasos esenciales para definir tu estrategia, tomando de base que existe una identificación clara de tu audiencia y buyer persona.

1. Definición de objetivos claros

Define qué quieres lograr con tu estrategia de contenido. ¿Es aumentar la conciencia de marca aumentando la cantidad de personas a las que impacta mi mensaje, fomentar la lealtad de los clientes existentes, o posicionar tu marca como líder de pensamiento en tu industria o crecer tu comunidad de seguidores y subscriptores? Tus objetivos influirán directamente en el tipo de contenido que produces.

2. Análisis de la competencia

Investiga a tus competidores para entender qué tipo de contenido están creando y cómo está siendo recibido por su audiencia. Esto te dará una idea de lo que funciona bien en tu industria y dónde podrían haber lagunas que tu contenido podría llenar.

3. Definición de pilares de contenido

Cuando se trata de definir pilares de contenido, estás buscando áreas en las que tú o tu marca pueden hablar con autoridad y pasión. Estos pilares son fundamentales porque no solo definen tu nicho, sino que también te ayudan a mantener la coherencia en tu mensaje. Pregúntate: ¿Sobre qué temas puede hablar tu marca durante 25 minutos sin haber preparado previamente algún material? Esto puede revelar las verdaderas áreas de experiencia y pasión. ¿Por qué temas deseo que mi marca sea conocido? ¿Qué temas suele discutir y generar opinión? Identificar estos temas, naturalmente recurrentes, pueden formar pilares sólidos de contenido.

4. Definición de ritmo de publicación de contenidos

Aplicar un ritmo disciplinado de contenido, ayudará a incrementar significativamente la visibilidad, engagement y autoridad en marca en tu sector. En este punto te recomendamos utilizar una estrategia de ritmo circular que busca maximizar la visibilidad y el engagement a través de la reutilización inteligente y la distribución estratégica de contenido en múltiples plataformas y formatos. En esencia, se trata de crear un ecosistema de contenido donde cada pieza se alimenta y potencia mutuamente, creando un ciclo continuo de alcance y engagement. A continuación, se describe cómo implementar esta estrategia:

a) El proceso comienza con la creación de un contenido base sustancial y de alta calidad, como puede ser un video de duración media / larga en YouTube. Este contenido debe ofrecer un valor significativo y estar alineado con los intereses y necesidades de tu audiencia objetivo.

b) A continuación, este contenido base se descompone en piezas más pequeñas y manejables adaptadas a diferentes plataformas y formatos. Por ejemplo, un video largo puede ser editado en clips cortos para redes sociales, el audio puede convertirse en un episodio de podcast, y los puntos clave pueden transformarse en publicaciones de blog, infografías o publicaciones en redes sociales.

c) Cada pieza de contenido derivado se distribuye luego a través de los canales más relevantes para tu audiencia, como YouTube, Instagram, LinkedIn, Twitter, podcasts y blogs. Esta distribución considera las particularidades de cada plataforma para ajustar el mensaje, formato y llamado a la acción de manera óptima.

d) Finalmente se busca la interconexión entre las piezas de contenido. Por ejemplo, los clips cortos en redes sociales pueden incluir enlaces al video completo en YouTube o al artículo del blog, mientras que el podcast puede invitar a los oyentes a seguir la conversación en una comunidad en línea o en redes sociales. Esta interconexión asegura que el público se mueva dentro de tu ecosistema de contenido, aumentando el engagement y la retención.

Ejemplo práctico de Producción en Lotes y Programación

- Comienza con un video largo que pueda servir de base para tu contenido en otras plataformas.
- Convierte el audio de tu vídeo de YouTube en un episodio de podcast, permitiendo a tu audiencia consumir el contenido en un formato diferente.

- Extrae fragmentos destacados de tu video principal para generar pequeños clips de 15-60 segundos que capturen la atención en redes sociales.
- Crea anuncios a partir de tu contenido para dirigir tráfico hacia artículos detallados o páginas de aterrizaje específicas.
- Publica un artículo en tu blog que incluya la transcripción del video, así como el video y audio incrustados, y compártelo en plataformas como Medium o LinkedIn.
- Diseña publicaciones con citas impactantes o ideas clave de tu contenido, enlazando al artículo del blog y al vídeo.
- Utiliza tu lista de correo electrónico para amplificar el alcance del artículo de tu blog, enviando un enlace directo a tus suscriptores.

5. Creación de Calendario Editorial

Basado en el ritmo de producción circular, planifica tu contenido con antelación creando un calendario editorial. Esto incluye decidir sobre los temas, formatos y canales de distribución, así como establecer plazos para la creación y publicación. Un calendario bien planificado asegura que tu contenido sea coherente y esté alineado con tus objetivos de marketing.

La frecuencia con la que publicas depende de varios factores, incluidos tus recursos, tus objetivos y las plataformas que estás utilizando. Sin embargo, más allá de la frecuencia, es esencial concentrarse en la calidad y relevancia del contenido para tu audiencia.

6. Desarrollo de Contenidos de Calidad

Céntrate en crear contenido que no solo sea interesante y útil para tu audiencia, sino que también refleje los valores y la calidad de tu marca. Antes de lanzarte a la producción, la redacción de guiones y la edición de videos, así como el diseño de piezas estáticas, juegan un papel crucial en la creación de contenido atractivo y profesional.

La redacción de guiones te permite planificar el flujo de tu narrativa, asegurando que cada segundo de video o cada elemento gráfico transmita efectivamente tu mensaje clave. La edición de videos es donde tu contenido cobra vida, permitiéndote ajustar el ritmo, añadir efectos visuales y sonoros que mejoren la experiencia del espectador, y asegurar que la calidad final refleje los altos estándares de tu marca. Igualmente, el diseño de piezas estáticas debe ser cuidadoso y deliberado, utilizando elementos visuales que capturen la atención y comuniquen tu mensaje de manera efectiva.

Asegúrate de que tu contenido esté optimizado para los motores de búsqueda. Esto implica investigar y utilizar palabras clave relevantes, optimizar tus metatags y descripciones, y estructurar tu contenido para que sea fácilmente rastreable por los motores de búsqueda.

7. Promoción y Distribución

Una vez que tu contenido esté creado, necesitas promocionarlo a través de los canales adecuados. Esto puede incluir tus canales de redes sociales, boletines por correo electrónico, colaboraciones con influencers o socios estratégicos, y publicidad pagada.

8. Medición y Análisis

Finalmente, mide el rendimiento de tu contenido utilizando herramientas de análisis. Esto te ayudará a entender qué está resonando con tu audiencia y qué podría necesitar ajustes. Usa estos insights para iterar y mejorar tu estrategia de contenido continuamente.

Al seguir estos pasos, puedes desarrollar una estrategia de contenido robusta que no solo posicione tu marca en la mente de tu audiencia objetivo, sino que también construya una percepción de autoridad y liderazgo en tu mercado.

SELECCIÓN ESTRATÉGICA DE CANALES PARA LA CREACIÓN DE CONTENIDO DE ALTO VALOR

En el ámbito de los productos y servicios premium, es fundamental elegir cuidadosamente los canales de comunicación que resuenen de manera óptima con las preferencias y hábitos de tu público objetivo. A continuación, exploramos canales fundamentales que, cuando se utilizan estratégicamente, pueden potenciar significativamente la efectividad de tu contenido en el mercado de alto valor.

Cada plataforma tiene sus fortalezas y debilidades en términos de adquisición y retención de audiencia. La integración de estos canales dentro de una estrategia de contenido multiplataforma, permite buscar un balance ideal entre la adquisición de nuevos seguidores y la retención de los ya existentes, ambas estrategias claves para el posicionamiento de tu marca. Este enfoque holístico no solo amplifica tu alcance, sino que también construye una base sólida de seguidores fieles y comprometidos con tu marca.

Plataformas idóneas para el descubrimiento y adquisición de audiencias

Plataformas Visuales y de Búsqueda (Instagram, TikTok, Pinterest, YouTube, Google): Excelentes para capturar la atención de nuevos usuarios gracias a su algoritmo que favorece el contenido fresco y relevante. La clave está en crear contenido visualmente atractivo y optimizado para la búsqueda, que se destaque y atraiga a usuarios interesados en tu nicho.

Redes Sociales (Facebook, Twitter, LinkedIn): Ofrecen poderosas herramientas de segmentación para anuncios, permitiendo llegar a audiencias específicas con gran precisión. Estas plataformas son ideales para campañas dirigidas y la promoción de contenido que puede viralizarse a través del compartimiento entre usuarios.

Plataformas idóneas para la retención de audiencia

Email Marketing: A través de boletines y campañas personalizadas, el email marketing permite mantener un canal directo y personalizado de comunicación con tu audiencia, fomentando la lealtad y ofreciendo contenido de valor que incentiva la interacción continua.

Podcasts y Videos Largos: Crean oportunidades para profundizar en temas de interés, construyendo una relación más rica y significativa con la audiencia. Al ofrecer contenido educativo o entretenido de forma regular, se fomenta un hábito de consumo entre los seguidores.

Comunidades Online (Foros, Grupos de Facebook, Plataformas de Membresía): Proporcionan un espacio para la interacción y el diálogo continuo, fortaleciendo el sentido de pertenencia y compromiso con la marca.

ESTRATEGIAS DE PUBLICIDAD Y PROMOCIÓN

La publicidad digital se ha convertido en una herramienta indispensable en las estrategias de posicionamiento de marcas, especialmente en el contexto de productos y servicios de alto valor. Su capacidad para segmentar de manera precisa, junto con su flexibilidad y alcance, la convierten en una opción poderosa para comunicar el valor único de una marca, diferenciarse de la competencia y establecer una presencia sólida en el mercado.

La singularidad de la publicidad digital radica en su extraordinaria capacidad de segmentación, permitiendo a las marcas dirigirse a su audiencia con una precisión casi quirúrgica. Esta precisión, combinada con la versatilidad y el amplio alcance que ofrecen las plataformas digitales, facilita una comunicación efectiva del valor único de una marca. Más allá de meramente informar, la publicidad digital permite a las marcas diferenciarse claramente de sus competidores y cimentar una presencia inquebrantable en la mente de los consumidores.

Este acápite se sumerge en tres áreas críticas que forman

la esencia de una estrategia de publicidad digital efectiva: la selección estratégica de canales, el establecimiento de objetivos claros y el profundo conocimiento de la audiencia obtenido a través del análisis de data.

CANALES PUBLICIDAD DIGITAL DE POSICIONAMIENTO

En el vasto universo de la publicidad digital, elegir los canales correctos es tan crucial como el mensaje mismo. Estos canales son espacios estratégicos donde las marcas pueden conectar, interactuar y resonar con su audiencia. Para las marcas de alto valor, el desafío y la oportunidad residen en identificar qué plataformas albergan a su público objetivo y cómo pueden ser utilizadas para comunicar efectivamente su singularidad y valor.

Cada canal ofrece ventajas únicas y específicas para el posicionamiento de marca, desde la vasta audiencia de Facebook e Instagram hasta la intención de compra capturada por Google Ads y la influencia profesional de LinkedIn. La selección cuidadosa y la optimización de estos canales son fundamentales para asegurar que el mensaje de la marca no solo alcance a su audiencia objetivo, sino que también resuene con ella de manera significativa.

A continuación, exploramos los diversos canales disponibles para las marcas en el ámbito digital, desde las omnipresentes redes sociales y motores de búsqueda hasta plataformas más nicho y emergentes.

Publicidad en Motores de Búsqueda (SEM)

Google Ads y Bing Ads permiten a las marcas aparecer en los resultados de búsqueda a través de palabras clave relevantes. Por ejemplo, una marca de relojes de lujo podría usar SEM para aparecer en las búsquedas de "relojes de alta gama" o "mejores marcas de relojes de lujo".

Publicidad en Redes Sociales

Plataformas como Facebook, Instagram, LinkedIn y Twitter ofrecen oportunidades para segmentar audiencias basadas en intereses, comportamientos y datos demográficos. Una marca de automóviles de lujo podría utilizar Facebook Ads para dirigirse a usuarios interesados en vehículos de alta gama, personalizando anuncios que resalten características exclusivas y ofreciendo pruebas de manejo.

Publicidad Display

Banners y anuncios gráficos en sitios web y blogs relevantes pueden aumentar la visibilidad de la marca y dirigir tráfico a su sitio web. Un fabricante de joyería fina podría colocar publicidad display en sitios de moda y estilo de vida para captar la atención de su público objetivo.

Marketing de Contenidos y Patrocinios

Colaborar con influencers, bloggers y sitios web de nicho para crear o patrocinar contenido que hable directamente a la audiencia interesada en productos de alto valor. Por ejemplo, una marca de cosméticos premium podría colaborar con influencers de belleza para crear tutoriales que muestren cómo usar sus productos.

PRINCIPALES OBJETIVOS DE LA PUBLICIDAD DE POSICIONAMIENTO

Para las campañas de posicionamiento, es importante diseñar campañas publicitarias que no solo capturen la atención, sino que también motivan a la acción. Para lograr esto, la publicidad digital se enfoca en varios objetivos estratégicos que, cuando se ejecutan de manera coherente, fortalecen la posición de la marca en su nicho o industria. Los objetivos de las campañas de posicionamiento pueden variar dependiendo de las metas específicas de la marca, sin embargo, por lo general, giran en torno a cuatro pilares fundamentales.

Incrementar el reconocimiento y la visibilidad de la marca

El objetivo principal aquí es aumentar la visibilidad de la marca dentro de su mercado objetivo. Mediante el uso de impresiones (la cantidad de veces que se muestra un anuncio) y el alcance (la cantidad de personas únicas que ven el anuncio), las marcas buscan solidificar su presencia en el mercado y mantenerse en la mente de los consumidores. Esta estrategia es clave para construir reconocimiento de marca y asegurar que la oferta de la empresa sea la primera que venga a la mente de los consumidores cuando piensen en la categoría de productos o servicios ofrecidos.

Crecimiento de la comunidad y consolidación de presencia

Aumentar el número de seguidores en las plataformas de redes sociales es vital para construir una comunidad alrededor de la marca. Los seguidores son no solo potenciales clientes, sino también embajadores de la marca que pueden amplificar su mensaje a través de su propia red. El crecimiento de la comunidad se traduce en un mayor compromiso a largo plazo, proporcionando una base sólida sobre la cual la marca puede construir relaciones y fomentar la lealtad.

Fomento el nivel de compromiso o engagement con la marca

El engagement o compromiso se refiere a la interacción activa de la audiencia con el contenido de la marca, incluyendo likes, comentarios, compartidos, y otras formas de interacción social. Este objetivo busca no solo difundir el mensaje de la marca, sino también fomentar una conversación alrededor de este. Un alto nivel de engagement es indicativo de contenido relevante y valioso para la audiencia, lo cual puede mejorar el posicionamiento de la marca en los algoritmos de las redes sociales, aumentando aún más su visibilidad.

Generación de tráfico al sitio web o landing pages con contenido de valor

Este objetivo se centra en dirigir a la audiencia desde diversos canales digitales hacia un destino específico en línea, donde pueden interactuar más profundamente con la marca, acceder a contenido de valor, y realizar acciones concretas como compras, suscripciones o registros.

Dirigir a los usuarios hacia el sitio web o landing pages específicas permite a las marcas capturar información valiosa de posibles clientes y guiarlos a través del embudo de conversión. La publicidad digital, mediante el uso de llamados a la acción estratégicos y contenido de valor, juega un papel crucial en la conversión de la audiencia en leads y, eventualmente, en clientes.

DE LA CAPTACIÓN DE DATA A LA CREACIÓN DE AUDIENCIAS

Detrás de una estrategia de posicionamiento efectiva, hay un elemento fundamental: la construcción de audiencias. Este proceso se basa en herramientas analíticas avanzadas que permiten a las marcas monitorear el comportamiento de sus públicos, evaluar el desempeño de su contenido y ajustar estrategias en tiempo real.

Una de las principales ventajas de la publicidad digital es su capacidad para recopilar una amplia gama de información sobre los usuarios. Esto incluye desde datos demográficos básicos hasta comportamientos en línea, preferencias e intereses, y todo ello en un periodo de tiempo muy corto. Los datos recabados provienen de diversas fuentes, tales como interacciones con anuncios, visitas a sitios web y el engagement en redes sociales. La habilidad para rastrear y analizar esta información detalladamente brinda a las marcas un conocimiento profundo sobre quiénes son sus clientes y qué están buscando.

La segmentación de audiencias asegura que el contenido publicitario sea relevante para cada grupo específico, lo cual incrementa la eficacia de las campañas y enriquece la experiencia del usuario. Esto permite a las marcas dirigir sus mensajes publicitarios a grupos específicos de usuarios basándose en criterios como edad, ubicación, intereses y comportamientos de compra.

Gracias al análisis de datos, las marcas pueden personalizar sus mensajes publicitarios para resonar de manera más efectiva con cada individuo. Esto puede incluir desde la modificación del tono o contenido del mensaje, hasta el ajuste de ofertas y promociones para satisfacer las preferencias de cada usuario. La personalización no solo aumenta la relevancia del mensaje, sino que también puede mejorar significativamente las tasas de conversión y fomentar la lealtad hacia la marca.

En este contexto, los pequeños pero poderosos fragmentos de código, conocidos como "códigos de seguimiento" o tracking codes, adquieren gran relevancia. Entre los más importantes se encuentran el Pixel de Meta y el Google Tag Manager. El uso de estas herramientas se explorará con mayor detalle en el capítulo 6, dedicado al empleo de tecnologías para la venta de productos o servicios de alto valor.

Si tus píxeles o códigos de seguimiento aún no tienen datos, será necesario comenzar con una segmentación detallada. Esto implica enfocarse en audiencias muy específicas basadas en intereses, demografía y comportamientos que se alinean estrechamente con tu cliente ideal. El objetivo es recopilar datos de calidad sobre interacciones relevantes, lo cual "sazonará" gradualmente tu Pixel, haciéndolo más inteligente y eficaz para identificar a potenciales clientes.

Conforme los píxeles de seguimiento comiencen a acumular datos significativos, será posible crear audiencias más avanzadas, optimizando así la estrategia de publicidad digital para alcanzar y conectar con el público objetivo de manera más efectiva.

CAPÍTULO 5: ESTRATEGIAS DE MARKETING Y VENTAS PARA HIGH-TICKETS

DEFINIENDO LA ESCALERA DE VALOR

La escalera de valor es una herramienta esencial cuando se trata de comercializar productos o servicios premium. Imagínala como el esqueleto que sostiene toda estrategia de marketing y ventas que se precie. La jugada maestra aquí es comenzar con ofertas que sean de bajo costo o incluso gratuitas para captar la atención de esos clientes potenciales. Después, como si estuvieras subiendo escalones, vas aumentando poco a poco tanto el valor como el precio de lo que ofreces.

¿Por qué es tan crucial esta táctica en el mundo de lo high-ticket? Simple: te permite tejer relaciones fuertes y duraderas con tus clientes. Proporcionando valor paso a paso, no solo capturas su interés, sino que también los predispones favorablemente hacia futuras compras de mayor envergadura. El resultado no es solo clientes más satisfechos y fieles, sino también un aumento significativo en el Valor de Vida del Cliente (Customer Lifetime Value - LTV). Esta métrica, esencial en el ámbito empresarial, refleja el beneficio total que esperas obtener a lo largo de todo el tiempo que un cliente interactúe con tu marca, desde el momento de su primera compra.

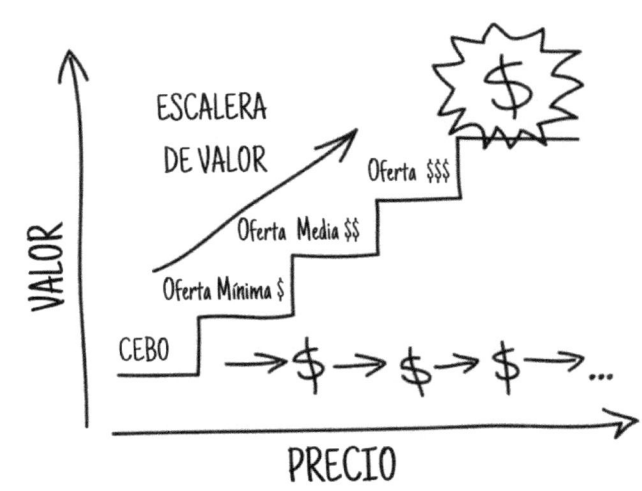

Pero, ¿cómo está estructurada exactamente la escalera de valor? Se organiza en distintos niveles o peldaños, cada uno diseñado para escalonar el valor ofrecido al cliente. Esto los incentiva a seguir ascendiendo hacia ofertas que no solo son de mayor precio, sino también de exclusividad incrementada. A continuación, exploraremos cómo se despliega esta estructura en la práctica.

Peldaño 1: Ofertas gratuitas o de bajo costo

El primer nivel sirve como punto de entrada para los clientes potenciales. Aquí, las ofertas pueden incluir productos digitales gratuitos, como ebooks o webinars, que proporcionan un valor inmediato y establecen la credibilidad de la marca.

Peldaño 2: Productos o servicios introductorios

Una vez que el cliente ha interactuado con la oferta inicial, el siguiente nivel introduce productos o servicios con un costo asociado, pero aún accesible. Estas ofertas sirven para profundizar la relación y proporcionar una muestra más sustancial del valor que la marca puede ofrecer.

Peldaño 3: Ofertas intermedias

En este nivel, las ofertas se vuelven más específicas y avanzadas, dirigidas a clientes que han demostrado un interés claro en profundizar su relación con la marca. Los precios son más altos, reflejando el mayor valor y personalización de las ofertas.

Peldaño 4: Productos o servicios premium

Este nivel está reservado para las ofertas de mayor valor y precio, incluyendo productos o servicios exclusivos, membresías premium o acceso a experiencias únicas. Estas ofertas atraen a los clientes más comprometidos y dispuestos a invertir en soluciones de alta calidad.

Peldaño 5: Ofertas ultra-premium o personalizadas

El último nivel de la Escalera de Valor es donde se encuentran las ofertas más exclusivas y personalizadas. Esto puede incluir servicios de consultoría one-on-one, productos personalizados o experiencias VIP. Estas ofertas representan el máximo nivel de compromiso y valor para el cliente.

Veamos un ejemplo de cómo podría estructurarse una escalera de valor para un servicio high-ticket de una plataforma de educación en línea:

Peldaño 1 - Producto Gratuito: Acceso gratuito a un webinar titulado "Los 5 secretos para dominar el marketing digital", diseñado para captar la atención de nuevos emprendedores y pequeñas empresas interesadas en mejorar su presencia online.

Peldaño 2 - Producto introductorio ($47-$497): Curso online "Fundamentos del Marketing Digital", un curso más extenso que cubre aspectos básicos del marketing digital con ejemplos prácticos y estudios de caso. Adicionalmente, incluye una guía digital descargable "Plan de acción de marketing digital en 30 días" que proporciona pasos prácticos para implementar estrategias de marketing digital efectivas.

Peldaño 3 - Ofertas intermedias Producto ($500-$2000): Programa avanzado de mentoría grupal "Estrategia Digital de Alto Rendimiento", que incluye sesiones en vivo, acceso a una comunidad privada y revisión de estrategias de marketing.

Peldaño 4 - Productos o servicios premium (~$2000+): Acceso a un retiro de marketing digital de fin de semana, donde los participantes pueden trabajar directamente con expertos en marketing para desarrollar y refinar sus estrategias de marketing digital.

Peldaño 5 - Ofertas ultra-premium o personalizadas (+$5000): Consultoría personalizada de marketing digital, un paquete premium que ofrece análisis detallado, estrategia a medida y seguimiento para maximizar el impacto online del cliente.

ESTABLECIENDO LA PROGRESIÓN: DEL "DO IT YOURSELF" AL "DO IT FOR YOU"

La escalera de valor, cuando hablamos de productos y servicios premium, brilla por una razón crucial: a medida que te acercas más al experto y recibes una atención más personalizada, el precio va en ascenso. Piensa en esto como un viaje donde acompañas a tus clientes desde opciones más generales y económicas hasta propuestas exclusivas y totalmente adaptadas a sus necesidades, pasando por distintas estaciones de valor.

En el primer escalón, tenemos el nivel de "Hazlo tú mismo" (Do It Yourself - DIY), que es perfecto para esos clientes a los que les gusta meter las manos en la masa. Aquí, les proporcionas todas las herramientas y el know-how para que se embarquen en sus proyectos. Esta etapa no solo es accesible, sino que también empodera a tus clientes, dándoles el control total. Pero claro, con gran poder viene gran responsabilidad: el resultado final dependerá enteramente de su esfuerzo y dedicación.

Avanzando un poco, nos encontramos con el "Lo hacemos contigo" (Do It With You - DIWY), que añade un toque colaborativo al asunto. En esta fase, tú y tu cliente trabajan codo con codo, muchas veces en un entorno grupal. Esta cooperación directa con el experto enriquece la experiencia de todos, creando un sentido de comunidad y aprendizaje conjunto. Imagina talleres donde las ideas fluyen y las soluciones se construyen en equipo, balanceando la experiencia personalizada con el apoyo grupal.

Finalmente, en la cima de nuestra escalera está el "Lo hacemos por ti" (Do It For You - DIFY), el epítome de la personalización y exclusividad. En este punto, tú tomas las riendas completamente, ofreciendo soluciones a medida que liberan a tu cliente de cualquier carga. Ideal para aquellos que desean resultados premium sin dedicar su propio tiempo, este nivel asegura que cada detalle de la solución esté perfectamente alineado con sus necesidades y deseos.

Cada peldaño de esta escalera simboliza un aumento en el valor entregado, no solo en términos de la calidad y especificidad de lo ofrecido, sino también en la comodidad y acceso directo a la experticia profesional. A medida que tus clientes ascienden, encuentran soluciones cada vez más adaptadas y una relación más estrecha con el experto, justificando así el incremento en el precio. Este enfoque estratégico es una manera brillante de acompañar y nutrir a tus clientes a través de su viaje, maximizando el valor ofrecido y forjando vínculos duraderos.

DESARROLLO DE CAMPAÑAS

Desarrollar campañas que realmente resuenen y conviertan es clave cuando nos enfocamos en productos o servicios de alto calibre. Este arte va más allá de elegir el tipo correcto de campaña; implica también diseñar un funnel de ventas que realmente funcione, establecer una estrategia sólida y lanzar tácticas que capturan y convierten leads. Vamos a adentrarnos en estos componentes críticos.

LIVE CAMPAIGNS VS. EVERGREEN

En el vasto universo del marketing digital, las campañas en vivo y las campañas evergreen se presentan como los pilares sobre los que se sostiene cualquier estrategia sólida, especialmente cuando se trata de ofrecimientos de alto valor. Cada tipo de campaña brilla con luz propia y, usadas juntas, pueden amplificar el alcance y la eficacia de tus esfuerzos de marketing.

Las Campañas en Vivo se caracterizan por su naturaleza efímera, diseñadas para captar la atención promoviendo productos, servicios o eventos en un lapso específico. Su magia reside en generar esa sensación de "ahora o nunca" que captura rápidamente la atención y motiva decisiones instantáneas.

Las características distintivas de las campañas en vivo incluyen el aprovechamiento de eventos de lanzamiento transmitidos en vivo a través de la web, redes sociales y plataformas de streaming, donde se desvelan detalles exclusivos. Son además una forma dinámica de interactuar en tiempo real con la audiencia, ofreciendo contenido valioso mientras se fomenta la participación y se construye una relación más cercana con los seguidores. Durante estas sesiones en vivo, se pueden resolver dudas, compartir consejos y presentar invitados especiales, lo que aumenta el valor percibido por la audiencia y crea una oportunidad para promover lead magnets o productos.

La fase de expectativa se centra en crear anticipación, animando a los prospectos a registrarse y participar en el contenido a revelar. La promoción intensiva previa al evento, mediante email marketing, publicidad en redes sociales y colaboraciones con afiliados e influencers, es clave para construir expectación y urgencia.

Por el lado de las Campañas Evergreen, su fortaleza radica en su perdurabilidad. No están atadas a la temporalidad, sino que continúan atrayendo y educando a tu audiencia sin importar el momento. Estas campañas se convierten en una fuente constante de tráfico y conversión gracias a su contenido atemporal que sigue siendo relevante y útil a lo largo del tiempo.

Un ejemplo perfecto podría ser una plataforma educativa que ofrece continuamente un curso sobre mejora personal, destacando mediante testimonios y estudios de caso cómo estas habilidades transforman vidas. Aquí, un lead magnet cuidadosamente diseñado suele ser el anzuelo principal para motivar el registro de usuarios, convirtiéndose en el evento clave para la captación de prospectos.

Integrar ambas, Campañas en Vivo y Evergreen, en tu estrategia te permite equilibrar el impulso inmediato de las ventas o la participación con el crecimiento y la educación constantes de tu base de seguidores. Mientras las campañas en vivo crean picos de excitación y compromiso, las evergreen aseguran un flujo continuo de interés y lealtad hacia tu marca.

Al fusionar la inmediatez de las campañas en vivo con la durabilidad de las evergreen, desarrollas una estrategia de marketing digital que no solo captura nuevos clientes de manera continua, sino que también profundiza y mantiene el vínculo con tu audiencia actual.

TÁCTICAS DE CAPTACIÓN

Las estrategias de captación son cruciales en el ámbito del marketing digital, particularmente al promocionar productos y servicios de alto valor. El objetivo es claro:

atraer a esos prospectos que realmente valen la pena y guiarlos hasta convertirlos en clientes fieles y satisfechos.

La captación es el primer paso para construir tu activo más importante: tu lista de prospectos. Y sí, tener una lista de suscriptores enganchados con lo que ofreces es como tener una mina de oro que no deja de producir.

Ahora, ¿cómo armas esa lista ganadora? Necesitas un gancho, algo irresistible que haga que la gente quiera unirse a tu club. Hablamos de un lead magnet, una página donde se registren por él, y una serie de correos para mantener esa llama viva entre ustedes.

Para que tu lead magnet no sea uno del montón, debe ser ultra relevante y valioso, algo por lo que valga la pena dar ese preciado correo electrónico. Aquí van unos consejos rápidos para crear un lead magnet efectivo:

Conoce a tu cliente ideal: Piensa en quién estás apuntando. Entiéndelo a fondo.

Muestra la transformación: Tu oferta tiene que ser el puente hacia donde tu cliente ideal quiere ir.

Valor y facilidad: Que tu lead magnet sea algo que valga la pena y que se pueda digerir fácilmente.

Conexión sin venta directa: Tiene que estar ligado a lo que ofreces, pero sin ser un anuncio descarado de tu producto o servicio.

Lo que buscas es ofrecer algo tan bueno que tus prospectos no solo vean el valor de inmediato, sino que también puedan visualizar el cambio positivo en sus vidas o negocios. Así se hace marketing digital de alto vuelo.

Captar la atención y convertir prospectos en clientes leales es clave, especialmente para productos y servicios de lujo. Aquí te entra el juego el lead magnet, esa herramienta poderosa que te ayuda a construir una lista de correos valiosa. ¿Cómo? A través de una oferta irresistible que haga que los prospectos quieran darte su información de contacto a cambio de lo que les ofreces. Y no se trata de cualquier oferta, sino de una bien pensada, que sea super relevante y de alto valor para ellos, y que, por supuesto, esté relacionada con lo que vendes, pero sin ser una venta directa desde el inicio.

Ahora bien, para que este lead magnet haga su magia, tiene que presentarse de la manera correcta en tu página de registro. Piensa en esta página como tu escaparate: necesita captar la atención desde el primer segundo. ¿Cómo lograrlo? Asegúrate de que tenga un título que no pase desapercibido, un subtítulo que complemente y expanda la promesa, un texto que realmente venda el valor de lo que ofreces y, claro, un llamado a la acción que no deje lugar a dudas sobre lo que tienen que hacer a continuación. Un ejemplo sería: "Descubre [nombre del lead magnet] y empieza a [acción específica] hoy mismo para [solucionar este problema] y vivir la [transformación deseada] que tanto buscas".

Algunos ejemplos de Lead Magnets incluyen:

- Ebooks sobre temas especializados de interés para tu audiencia.
- Webinars que abordan problemas comunes ofreciendo soluciones aplicables.
- Informes exclusivos con análisis y datos relevantes al sector.
- Herramientas gratuitas, como calculadoras, plantillas o diagnósticos.
- Sesiones en vivo en Instagram para interactuar directamente con la audiencia.
- Retos que invitan a la audiencia a comprometerse con actividades específicas por un período determinado.

Por último, pero no menos importante, está la secuencia de nutrición o nurturing, que es donde realmente puedes empezar a construir y profundizar la relación con tus prospectos. Esta etapa es fundamental para orientar a tus prospectos a lo largo del ciclo de compra. Una secuencia típica puede contener 6 correos electrónicos estructurados de la siguiente manera:

Email #1: Email de bienvenida y entrega del lead magnet, destacando su valor y beneficios.

Email #2: Agradecimiento por unirse a la comunidad, reforzando el valor del lead magnet.

Email #3: Descripción de un desafío común que enfrenta tu cliente ideal y cómo el lead magnet ayuda a superarlo.

Email #4: Respuesta a una posible pregunta o objeción que tu cliente ideal podría tener sobre el contenido del lead magnet o tu producto.

Email #5: Mensaje centrado en los beneficios, reforzando puntos clave del lead magnet e incluyendo un mensaje inspirador sobre por qué creaste este contenido.

Email #6: Pre-anuncio de un producto, evento en vivo o curso próximo, aumentando la expectativa.

GENERACIÓN DE TRÁFICO

En el dinámico entorno digital, persiste un debate sobre la mejor forma de generar tráfico: ¿es mediante marketing orgánico o a través de publicidad pagada? Ambas estrategias pueden ser efectivas, aunque también surge una tercera opción que está ganando popularidad en el ámbito de la venta de productos y servicios de alto valor.

Para los que recién comienzan, puede que no cuenten con el presupuesto necesario para lanzar campañas publicitarias.

No obstante, seamos realistas: para lograr el crecimiento deseado en tu negocio, eventualmente será necesario invertir en publicidad para generar el flujo de tráfico necesario, en lugar de depender únicamente del esfuerzo orgánico.

La solución propuesta es adoptar un sistema híbrido:

Implementar anuncios tradicionales en plataformas como Facebook™, Instagram™ y YouTube™.

Utilizar métodos orgánicos para establecer una conexión directa con tu cliente ideal en línea, aprovechando grupos gratuitos en FB, Whatsapp, Telegram, etc., y buscando activamente influencers con quienes colaborar.

El tercer enfoque consiste en pagar a influencers para que redirijan tráfico hacia tu sitio.

Independientemente del método de generación de tráfico que elijas, es crucial diversificar tus fuentes.

En algún momento, todas nuestras fuentes de tráfico han experimentado disminuciones en su rendimiento, lo que subraya la importancia de contar con múltiples vías de tráfico entrante.

Incorporar estrategias de blogging, SEO o podcasts puede ser crucial como parte de una estrategia a largo plazo enfocada en construir autoridad. Sin embargo, si tu prioridad es la rapidez y estás concentrado en mantener un flujo constante de ventas, el enfoque a largo plazo de construir una audiencia o alcanzar suficientes posiciones en los rankings de SEO puede resultar menos efectivo a corto plazo. Demasiadas empresas se ven sobrepasadas por el esfuerzo constante de generar contenido día tras día, año tras año, sin alcanzar conversiones y resultados de ventas significativos.

EL PROCESO DE VENTA DE ALTO VALOR: DE PROSPECTOS A CLIENTES

Como hemos mencionado anteriormente, transformar prospectos en clientes fieles en el mundo del high-ticket no es cuestión de suerte; es arte y ciencia. Olvida las técnicas de venta tradicionales. Se trata de entender profundamente las necesidades y retos de tus clientes, actuando más como un asesor que como un vendedor. A esto llamamos venta consultiva. La meta es establecer una relación en la que, genuinamente, priorices las necesidades de tu clientes, y los quieras ver triunfar.

TÉCNICAS DE VENTA CONSULTIVA

En el corazón del proceso de ventas de alto valor yace la venta consultiva, una metodología que transforma la interacción de venta en un proceso de descubrimiento mutuo, donde el objetivo principal es entender profundamente las necesidades, preocupaciones y objetivos del cliente. Aquí, el vendedor actúa más como un asesor de confianza que como un tradicional promotor de productos. Vamos a desglosar algunas técnicas clave para dominar la venta consultiva y hacer de cada conversación una oportunidad para cimentar relaciones duraderas y exitosas.

1. Escucha Activa

Antes de siquiera pensar en vender, tu prioridad es escuchar. La escucha activa implica prestar atención total a lo que el cliente dice, hacer preguntas de seguimiento que profundicen en sus respuestas, y reflejar lo que han dicho para asegurarse de que ambos estén en la misma página. Esto no solo te proporciona información valiosa sino que también hace que el cliente se sienta valorado y comprendido.

2. Diagnóstico Preciso

Utiliza la información recopilada a través de la escucha activa para diagnosticar con precisión las necesidades del cliente. En lugar de suponer lo que necesitan basándote en tus interacciones anteriores, dedica tiempo a analizar su situación específica. Esto te permitirá recomendar la solución más adecuada de tu portafolio, incluso si eso significa adaptar tus ofertas habituales para satisfacer sus necesidades únicas.

3. Construir Confianza y Credibilidad

La confianza y la credibilidad son moneda corriente en la venta consultiva. Demuestra tu conocimiento y experiencia no solo hablando de tus éxitos sino también compartiendo insights y tendencias relevantes para el negocio del cliente. Mostrar que entiendes su industria y los desafíos específicos que enfrentan puede posicionarlo como un aliado valioso.

4. Enfoque en la Solución, No en el Producto

Centra la conversación en cómo tu servicio o producto puede resolver un problema o mejorar una situación, no solo en las características del mismo. Relaciona las ventajas de tu oferta con los objetivos a largo plazo del cliente, demostrando cómo tu solución puede ser un escalón crucial hacia el logro de sus metas.

5. Manejo de Objeciones

Ver las objeciones no como barreras sino como oportunidades para profundizar en la comprensión y afinar tu propuesta. A menudo, una objeción oculta una necesidad o preocupación no expresada. Abordar estas preocupaciones de manera efectiva y empática puede fortalecer la relación y acercarte un paso más al cierre.

6. Cierre Consultivo

Incluso en la fase de cierre, mantén tu enfoque consultivo. En lugar de presionar para cerrar la venta, invita al cliente a tomar una decisión basada en cómo la solución presentada se alinea con sus necesidades identificadas. Ofrece opciones claras y facilita el proceso de toma de decisiones, asegurando que el cliente se sienta en control.

EL PROCESO DE VENTA: DOMINANDO EL JUEGO

El proceso de venta consultiva se estructura en fases diseñadas para construir una relación profunda y comprensiva con el cliente, identificando sus necesidades específicas y proporcionando soluciones personalizadas que aporten valor real. Aquí vamos, desglosando el arte de la venta consultiva. Este no es un simple proceso de venta; es una estrategia de maestría para convertir prospectos en aliados leales, abordando sus necesidades más profundas con soluciones punteras. Este modelo aplica tanto si se trata de un negocio B2C o B2B.

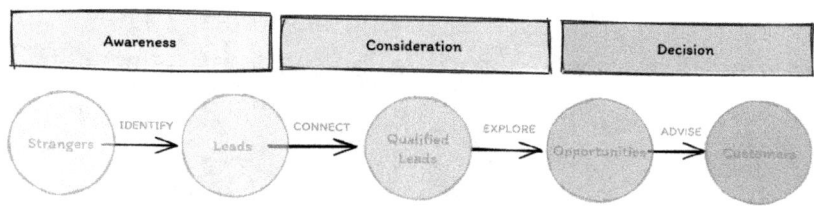

Investigación Previa

Antes de entrar en escena, haz tus deberes. Investiga todo lo que puedas sobre tu cliente. Es importante entender las profundidades del alma de tu consumidor. ¿Qué los despierta en medio de la noche? ¿Qué sueños los impulsan? En el caso del B2B esto incluye conocer la industria del cliente, los desafíos comunes que enfrentan las empresas dentro de este sector, y cualquier información relevante sobre el cliente específico y su negocio. Esta fase es crucial para establecer una base sólida para la relación. Te equipa para entrar con confianza y hablar su idioma.

Algunas técnicas de investigación que puedes emplear son: explorar las redes sociales para obtener una imagen completa del prospecto utilizando Linkedin, Facebook, Instagram, entre otros. Observa su trayectoria profesional, educación, habilidades y conexiones, intereses personales y estilo de vida. Si usas un CRM, identifica los recursos que han consultado en tu sitio para entender sus intereses. Esto puede indicarte el problema que buscan resolver. En el caso de empresas, comienza por explorar su sitio web. Estudia su historia, misión, valores y cualquier información sobre sus productos o servicios. Presta atención especial a las secciones de "Acerca de" y "Noticias" o "Blog" para obtener una visión actualizada de sus actividades y prioridades. También comprender su industria y su modelo de negocio es importante para conocer cómo la empresa genera ingresos y qué la hace única en su mercado.

Investiga su propuesta de valor, sus clientes principales y sus estrategias de mercado.

Desvelando las necesidades reales de nuestro prospecto

Aquí es donde la magia comienza. El primer contacto con el cliente debe centrarse en crear una conexión y construir rapport, así como desvelar los puntos de dolor del prospecto y sus metas. Es un encuentro crucial con aquellos prospectos que muestran interés en nuestro producto o servicio y que permite comenzar a construir una relación de confianza.

Utiliza este tiempo para iniciar el diálogo, demostrar tu interés genuino en su negocio y comenzar a establecer confianza. La empatía y la autenticidad son claves en esta etapa. Las preguntas formuladas durante esta llamada serán decisivas para determinar si el prospecto es adecuado y si vale la pena avanzar con él/ella en el proceso de venta.

La importancia de las llamadas de descubrimiento radica en su capacidad para incrementar las probabilidades de cerrar un trato más adelante. Dependiendo de a quién vendas y qué vendas, podrías pasar de 10 a 20 horas con tu prospecto. Por tanto, es esencial tener una clara percepción de si el trato se concretará y por cuánto. Adicionalmente, este primer acercamiento es tu oportunidad de oro para dejar una buena impresión. Como decía Oscar Wilde, "no hay una segunda oportunidad para una primera buena impresión".

En muchos casos, la llamada de descubrimiento es el paso más crítico en el proceso de venta. Establece el tono para toda la relación, tanto antes como después de la venta. O logras establecer una relación de autoridad desde el inicio, o te encontrarás constantemente tratando de ponerte al día. En esta llamada es donde la escucha activa juega un papel fundamental.

Haz preguntas abiertas para entender profundamente las necesidades, objetivos, preocupaciones y la situación actual del cliente. Con la guardia del cliente baja y su curiosidad picada, es hora de profundizar. Esta llamada también representa una oportunidad para calificar a tu prospecto e identificar cómo puedes aportar valor a su vida o su negocio. Es importante hacer las preguntas correctas, buscando desenterrar sus verdaderas necesidades y desafíos. Escucha más de lo que hablas; recuerda, estás aquí para descubrir su talón de Aquiles. Para lograr esto de manera efectiva, puedes utilizar un marco de calificación de ventas como BANT/GPCT.

Para el prospecto, la llamada de descubrimiento debería brindar sugerencias prácticas y accionables, aportando valor desde el primer momento. Se trata de demostrar que entiendes sus desafíos y que estás dispuesto a ofrecer soluciones incluso antes de que se comprometan a comprar.

Para el representante de ventas, esta llamada es un filtro esencial de cualificación o descualificación, diseñado para destapar el GPCT/BA (Goals, Plans, Challenges, Timeline, Budget and Authority) del prospecto.

Presentando Soluciones

Con la información recabada, es vital personalizar la presentación de soluciones para abordar específicamente los puntos y necesidades identificados. Presenta tu oferta no como una simple solución, sino como el santo grial que han estado buscando. Enfócate en cómo tu producto o servicio puede resolver sus problemas o ayudar a alcanzar sus objetivos, destacando los beneficios y el retorno de inversión. Personaliza tu presentación para que resuene con sus necesidades específicas que has escuchado activamente, haciendo que la decisión de seguir adelante sea un *no-brainer*.

Manejo de Objeciones

Es probable que surjan objeciones durante la presentación de soluciones. Las objeciones son inevitables, pero cada una es una oportunidad para demostrar tu valía. Enfrenta cada objeción con gracia y precisión, utilizando tu entendimiento profundo de sus desafíos para desarmar dudas y fortalecer tu posición. En lugar de verlas como obstáculos, trátalas como oportunidades para profundizar en el entendimiento del cliente y reforzar cómo tu oferta es la mejor opción para sus necesidades.

El Cierre

Aquí es donde cerramos el trato, pero en el mundo de la venta consultiva, el cierre es solo el comienzo de una relación fructífera. Facilita la decisión final con confianza, asegurándote de que cada paso haya reforzado la percepción de que elegirte es la mejor jugada que pueden hacer.

Una vez que hayas abordado todas las objeciones y reforzado el valor de tu solución, guía al cliente hacia la toma de decisiones. El cierre en la venta consultiva no es agresivo; más bien, es el resultado natural de un proceso en el que has demostrado cómo tu oferta satisface las necesidades del cliente.

Seguimiento

Después del cierre, sigue en contacto con el cliente para asegurarte de que la solución se implemente correctamente y esté proporcionando el valor esperado. Tu relación con el prospecto no termina con el cierre. Mantente en contacto, asegurándote de que la implementación sea exitosa y de que están viendo el valor prometido. Este seguimiento es tu oportunidad de solidificar aún más tu relación y preparar el terreno para futuras oportunidades.

PROCESO DE CALIFICACIÓN DE PROSPECTOS

El modelo GPCT/BA es un enfoque sistemático diseñado para desentrañar la lógica y la factibilidad detrás de la decisión de compra de un cliente potencial. Este marco es particularmente valioso en ventas de alto valor, donde las decisiones son consideradas y estratégicas. Las siglas representan: Goals (Metas), Plan, Challenges (Desafíos), Timeline (Tiempo), Budget (Presupuesto) y Authority (Autoridad).

Desglosémoslo para tener una idea clara de cómo cada componente influye en el proceso de compra.

Las metas, planes y desafíos nos permite entender el "POR QUÉ" el prospecto busca una solución y qué lo motiva a comprar. El presupuesto y la autoridad revelan el "CÓMO" se realizará la compra.

Metas (Goals): Aquí buscas una meta cuantitativa del prospecto, similar a conocer su cuota. No se trata solo de un número al azar, sino de entender exactamente qué resultado están buscando alcanzar.

Plan: Este incluye todas las estrategias y técnicas que el prospecto piensa emplear para lograr su objetivo. No solo "qué" quieren hacer, sino "cómo" planean hacerlo realidad.

Desafíos (Challenges): En esta parte descubres los obstáculos que se interponen entre ellos y sus metas. Esto puede revelar oportunidades clave en las que tu producto o servicio puede ser especialmente útil.

Cronograma (Timeline): Aquí determinas cuándo el prospecto tiene en mente alcanzar sus metas, así como cuándo está planeando tomar una decisión de compra. Esto te da una idea de la urgencia y cómo priorizar tu enfoque. Este conocimiento te permite alinear tus propuestas y procesos de venta con su cronograma, asegurándote de que tus soluciones lleguen en el momento justo en que son más necesitadas y valoradas.

Presupuesto (Budget): Aquí es donde presentas el costo de tu solución. Incluso si el prospecto inicialmente dice no tener presupuesto, es importante discutir los números para determinar si están calificados para seguir adelante o si sería mejor ofrecerles recursos gratuitos.

Autoridad (Authority): Identifica quién tiene la influencia dentro de la compañía para autorizar la decisión de compra. Si necesitan ver el producto o servicio primero, asegúrate de agendar un tiempo solo con esa persona clave y compromételos al próximo paso.

CIERRE DE VENTAS: CONVIRTIENDO INTERÉS EN INVERSIÓN

La fase final del proceso de ventas es una verdadera prueba de tu destreza y habilidad para influir y persuadir. Aquí se juega el todo por el todo, donde transformas el interés tibio en una inversión sólida y comprometida. Para los grandes jugadores del mercado de high-tickets, cada movimiento es un paso calculado hacia la victoria.

En este acápite veremos: los principios de persuasión en la venta de high-tickets, estrategias de negociación avanzadas para cerrar ventas de alto valo, así como el arte del seguimiento y la gestión de objeciones para asegurar el cierre.

Dominarlas estos principios y técnicas significa que eres capaz de orquestar un proceso donde la confianza y el valor se traducen en decisiones de inversión, y donde cada "sí" es un paso adelante en una relación comercial larga y próspera.

Principios de persuasión en la venta de high-tickets

Al abordar la venta de high-tickets, nos encontramos con un escenario donde la persuasión es menos un truco de magia y más una obra de arte. Aquí, la sofisticación se encuentra con la estrategia y cada palabra puede inclinar la balanza hacia el éxito o el estancamiento.

Creando Urgencia sin Desesperación

La urgencia es un motor poderoso, pero debe manejarse con guantes de seda. No se trata de presionar, sino de mostrar la importancia de la oportunidad presente. Comunica la exclusividad y el valor de tiempo limitado de tu oferta con elegancia, sugiriendo que actuar ahora no es una cuestión de presión, sino de tomar una decisión inteligente.

Estableciendo Autoridad y Expertise

La autoridad se gana, no se impone. En la venta de high-tickets, esto significa compartir conocimientos y experiencias de una manera que resuene con el prospecto. La meta es ser visto como un consejero de confianza cuya recomendación pesa más que una montaña de folletos de ventas.

Escasez: El Arte del "Ahora o Nunca"

La escasez bien jugada puede ser un motivador increíblemente potente. No se trata de inventar limitaciones, sino de destacar la naturaleza única y limitada de lo que ofreces. Ya sea una edición especial, una consulta exclusiva o acceso a un grupo élite, asegúrate de que el prospecto entienda que lo que está ante ellos no es una oferta corriente.

Reciprocidad

Haz que tu prospecto se sienta especial incluso antes de abrir su billetera. Ofrece valor adelantado — una consulta gratuita, un reporte exclusivo, un análisis personalizado — algo que despierte en ellos el deseo natural de retribuir la gentileza, inclinando sutilmente el campo de juego a tu favor.

En las ventas de alto valor, la persuasión es menos acerca de convencer y más sobre ayudar a tus prospectos a convencerse a sí mismos. El asesor se convierte en un facilitador. Al aplicar los principios de la venta persuasiva guias a tus prospectos hacia la conclusión lógica de que tu oferta es la mejor opción, y generas las bases para establecer una relación de confianza y respeto que va más allá de una simple transacción.

Manejo de objeciones para asegurar el cierre

Enfrentar objeciones es un arte esencial en el mundo de las ventas, especialmente cuando se trata de productos o servicios de alto valor. La clave para manejarlas efectivamente no radica en eludirlas, sino en abordarlas de frente, con un enfoque estratégico que te posicione no como un vendedor desesperado, sino como un asesor confiable.

Aunque las objeciones pueden parecer infinitas y variadas, en esencia, se pueden agrupar en cuatro categorías fundamentales: precio, pareja (o decisión compartida), tiempo y creencia.

1. Precio: La objeción de precio es quizás la más directa y evidente. "¡Es demasiado caro!" Suena familiar, ¿verdad? Los clientes pueden sentir que el producto o servicio es demasiado costoso o que no encaja dentro de su presupuesto actual. No se trata de cuánto cuesta, sino de cuánto vale.

2. Pareja/Decisión Compartida

"Debo consultarlo con mi pareja/socio." Esta objeción surge cuando la decisión de compra no la toma una sola persona sino que debe ser consultada o aprobada por una pareja, un cónyuge, un socio de negocios o cualquier otra figura significativa en el proceso de toma de decisiones.

3. Tiempo

El "mal momento" puede ser una barrera significativa. El cliente potencial puede sentir que no es el momento adecuado para hacer la inversión, ya sea debido a restricciones de tiempo, prioridades competidoras o situaciones personales.

4. Creencia

"No estoy convencido de que funcione." La objeción de creencia se refiere a dudas sobre la eficacia del producto o servicio, la confiabilidad de tu empresa o la alineación con sus valores personales o empresariales.

CAPÍTULO 6: ESTRUCTURANDO EL EQUIPO DE TRABAJO PARA EL ÉXITO EN VENTAS HIGH-TICKET

La construcción de un equipo de trabajo robusto y bien integrado es fundamental para cualquier empresa que aspire a triunfar en el competitivo mercado de las ventas high-ticket. La complejidad de vender productos o servicios de alto valor no solo exige excelencia en la ejecución, sino también una sinergia perfecta entre los miembros del equipo. Es por tanto vital estructurar tu equipo de trabajo con una mezcla equilibrada de habilidades técnicas, creativas y analíticas, junto con un fuerte énfasis en la colaboración y el desarrollo continuo. Este capítulo se enfoca en cómo estructurar tu equipo de trabajo para maximizar la efectividad de tus estrategias de ventas y marketing, asegurando así el éxito sostenido en el mercado.

DEFINICIÓN DE ROLES CLAVE

La base de un equipo de ventas high-ticket exitoso se encuentra en la clara definición de roles y responsabilidades. Cada miembro debe tener un entendimiento preciso de sus tareas, cómo su trabajo contribuye al objetivo general y la manera en que su desempeño será evaluado.

Project Manager

El Project Manager es el director de orquesta del equipo, encargado de coordinar todas las actividades y asegurarse de que los proyectos se entreguen a tiempo, dentro del presupuesto y según los objetivos establecidos. Es responsable de:

- Establecer claramente los objetivos, alcance, recursos necesarios, plazos y presupuesto de cada proyecto de marketing o campaña.
- Asegurar la colaboración efectiva entre diferentes roles dentro del equipo de marketing, como diseñadores, copywriters, media buyer, equipo audiovisual, entre otros, para la ejecución cohesiva del proyecto.
- Supervisar y evaluar la calidad del trabajo entregado, asegurando que cumpla con los estándares establecidos y los objetivos del proyecto.

- Distribuir adecuadamente los recursos disponibles, incluyendo el tiempo del equipo y el presupuesto, para maximizar la eficiencia y efectividad del proyecto.
- Utilizar herramientas de gestión de proyectos para hacer seguimiento al avance respecto a los hitos establecidos, identificando y resolviendo cuellos de botella o desviaciones a tiempo.
- Mantener una biblioteca organizada de material de archivo, incluyendo videos, música, efectos de sonido y otros medios, para optimizar el flujo de trabajo y facilitar el acceso a recursos reutilizables.
- Mantener líneas de comunicación abiertas y claras con todos los stakeholders del proyecto, incluyendo el equipo de marketing, otros departamentos de la empresa, y posiblemente clientes o proveedores externos.
- Identificar posibles riesgos o problemas que puedan afectar el cronograma, el presupuesto o la calidad del proyecto, implementando planes de contingencia para mitigarlos.
- Ajustar el plan de trabajo según sea necesario ya sea por cambios en los requisitos, obstáculos inesperados o nuevas oportunidades,
- Realizar evaluación post-proyecto para documentar los éxitos, los aprendizajes y las áreas de mejora para futuros proyectos.

- Identificar necesidades de capacitación dentro del equipo para mejorar habilidades y competencias relevantes al marketing digital y gestión de proyectos.
- Fomentar un entorno que incentive la innovación y la búsqueda constante de nuevas herramientas, técnicas y procesos que puedan mejorar la ejecución y resultados de los proyectos de marketing.

Copywriter

El Copywriter juega un papel crucial en comunicar el valor de los productos o servicios high-ticket al público objetivo. Sus responsabilidades incluyen:

- Crear conceptos de campañas y desarrollar narrativas convincentes que cuenten la historia de la marca, sus valores y su misión
- Crear contenido persuasivo y atractivo para sitios web, emails, redes sociales y materiales publicitarios, incluyendo landing pages, descripciones de productos/servicios, scripts para videos, copys para anuncios enfocados a conversión.
- Trabajar en estrecha colaboración con el equipo de diseño para asegurar que el texto y el diseño gráfico se complementen

- Comprender las necesidades, deseos y el lenguaje de la audiencia objetivo para crear mensajes que resuenen y generen una conexión emocional.
- Integrar palabras clave relevantes y estrategias de SEO en la redacción de contenido web y blogs para mejorar el ranking en motores de búsqueda, aumentando así la visibilidad y atracción de tráfico orgánico hacia el sitio web.
- Colaborar en la planificación y ejecución de estrategias de contenido a largo plazo que apoyen los objetivos globales de marketing, incluyendo campañas temáticas, lanzamientos de productos y esfuerzos de branding.
- Utilizar herramientas analíticas para evaluar el rendimiento del contenido (como tasas de apertura de emails, engagement en redes sociales, tráfico web y conversiones), y ajustar las estrategias de redacción y contenido basándose en los datos recopilados.
- Asegurar la coherencia y la eficacia del mensaje a través de diferentes canales, adaptando el contenido para maximizar su impacto en cada plataforma.
- Trabajar en estrecha colaboración con el Media Buyer para diseñar y supervisar la ejecución de campañas publicitarias que apoyen los objetivos de marketing de la marca.

Diseñador

El Diseñador es responsable de crear los elementos visuales que acompañan y potencian los mensajes del equipo de marketing. Sus tareas principales son:

- Desarrollar y mantener la identidad visual de la marca, incluyendo logotipos, paletas de colores, tipografías y guías de estilo, para asegurar consistencia en todos los puntos de contacto con el cliente.
- Colaborar con el equipo de contenido y community manager para asegurar la cohesión entre texto y diseño gráfico
- Diseñar elementos visuales para sitios web y landing pages visualmente atractivos y optimizados para la conversión, asegurando una navegación intuitiva y una experiencia del usuario excepcional.
- Desarrollar materiales de marketing digital y publicitario, incluyendo banners, anuncios para redes sociales y publicidad digital
- Creación de prototipos y diseño de UX/UI para aplicaciones web y plataformas móviles
- Asegurar que los diseños sean responsivos y estén optimizados para una variedad de dispositivos y plataformas, desde móviles hasta desktop, incluyendo la adaptación de imágenes y gráficos para cargas rápidas.

- Supervisar y asegurar que todos los aspectos visuales en los canales digitales mantengan un alto estándar de calidad y coherencia con la identidad de la marca.
- Mantenerse actualizado con las últimas tendencias en diseño gráfico y tecnología digital para asegurar que las creaciones sean modernas, relevantes y efectivas.

Community Manager / Social Media Manager

El Community Manager o Social Media Manager es el encargado de gestionar, construir y moderar la comunidad de una marca por vía internet, por otra parte cumple también con otro rol de facilitador y promotor de engagement de la marca y defensor de los clientes, este rol incluye:

- Diseñar un calendario editorial que refleje los valores de la marca y responda a los intereses y necesidades del público objetivo. Esto incluye la creación de posts, historias, vídeos y otros formatos que enganchen al público y promuevan la participación.
- Monitorear y responder a comentarios y mensajes de manera oportuna y apropiada para mantener una imagen positiva de la marca y construir relaciones sólidas con la comunidad.

- Utilizar herramientas analíticas para medir el impacto del contenido, la participación de la audiencia, el crecimiento de la comunidad y otros KPIs relevantes, y usar esta información para optimizar las estrategias futuras.
- Crear scripts para chatbots que guíen a los usuarios a través de procesos automatizados, proporcionando información, asistencia y mejorando la experiencia del cliente en plataformas de mensajería.
- Desarrollar y aplicar protocolos para la gestión de crisis y la respuesta a comentarios negativos o críticas en línea, protegiendo la imagen de la marca y abordando preocupaciones de los clientes de manera constructiva.
- Identificar y colaborar con influencers y otros socios que puedan amplificar el mensaje de la marca, llegar a nuevos públicos y fortalecer la credibilidad de la marca.
- Planificar y promover eventos virtuales como webinars, live streams y Q&As para aumentar el engagement y proporcionar valor adicional a la comunidad.

Programador / Especialista en Automatización e Integración

Este rol se centra en la implementación técnica de las estrategias de marketing digital, incluyendo:

- Implementación de landing pages específicas para campañas, así como sitios web completos, enfocándose en la conversión y la experiencia del usuario.
- Establecer y optimizar funnels de conversión en plataformas CRM y de marketing para guiar a los usuarios a través del proceso de compra o captación, integrando landings, email marketing y workflows
- Desarrollar y mantener el sitio web, asegurando su funcionalidad y optimización para motores de búsqueda (SEO)
- Implementar herramientas de automatización de marketing para eficientar procesos como el email marketing y la gestión de leads, usando plataformas como Mailchimp, HubSpot o Clickfunnels
- Integrar sistemas y plataformas para una recopilación y análisis eficiente de datos, a través de conectores tipo Zapier
- Configuración de Google Tag Manager (GTM), creación de eventos de seguimiento e integración con plataformas de analítica web

Media Buyer

El Media Buyer es crucial para asegurar que las campañas de publicidad lleguen al público objetivo de manera efectiva. Sus responsabilidades son:

- Investigar y seleccionar los canales de publicidad más adecuados para cada campaña tales como Google Ads, Facebook Ads, LinkedIn, etc. que mejor se alinean con los objetivos de la campaña y el público objetivo.
- Trabajar en estrecha colaboración con copywriters y diseñadores para asegurar que los mensajes y los visuales de los anuncios estén alineados con los objetivos de la campaña y optimizados para el rendimiento.
- Especificar metas de la campaña, decidir sobre CPC, CPM, CPA, o modelos de compra mixtos, seleccionar formatos de anuncio (banner, video, texto, etc.) y definir los indicadores clave de rendimiento.
- Configurar e implementar las campañas en las plataformas seleccionadas, asegurando que todos los ajustes y configuraciones estén optimizados para los objetivos de la campaña.
- Implementar el Meta Pixel en el sitio web para rastrear conversiones, eventos y comportamientos de los usuarios que provienen de las campañas.
- Creación de audiencias a partir de datos recopilados por Meta Pixel para segmentar audiencias basadas en acciones específicas, intereses o comportamientos, permitiendo una focalización más precisa en futuras campañas.

- Analizar los datos de rendimiento en tiempo real y realizar ajustes para optimizar las campañas hacia los KPIs establecidos.
- Ajustar la distribución del presupuesto entre diferentes canales y campañas para maximizar el retorno de la inversión (ROI) basándose en el rendimiento y los análisis de datos.
- Preparar informes periódicos que resuman el rendimiento de las campañas, insights obtenidos, y recomendaciones para futuras acciones basadas en el análisis de datos.

Equipo de Video

En el marketing digital, el contenido en video es indispensable para captar la atención y transmitir mensajes complejos de forma sencilla y directa. El equipo de video se encarga de:

- Producción de videos cortos, historias de Instagram, snippets, y otros formatos específicos para plataformas de redes sociales
- Desarrollar contenido educativo que demuestre el uso y las ventajas de los productos o servicios
- Capturar y editar testimonios en video de clientes satisfechos para construir confianza y proporcionar pruebas sociales que respalden la credibilidad de la marca.

- Producción de transmisiones en vivo y webinars para interactuar en tiempo real con la audiencia
- Crear animaciones o gráficos en movimiento para explicar conceptos complejos de manera simple y atractiva, o para añadir un elemento dinámico a los videos.
- Edición y postproducción para asegurar un acabado profesional de las piezas audiovisuales y que estén alineados con la imagen de la marca.

¿IN-HOUSE U OUTSOURCING?

La decisión entre mantener las operaciones de marketing digital in-house o externalizarlas (outsourcing) depende de varios factores clave relacionados con los recursos, habilidades, objetivos y la estructura organizativa de tu empresa. Es una decisión muy estratégica, no trivial. Ambas opciones tienen sus ventajas y desventajas, especialmente cuando se trata de ventas high-ticket, donde la calidad y la coherencia del mensaje pueden ser cruciales. Veamos algunos puntos a considerar para cada enfoque.

IN-HOUSE

Un equipo In-House te permite tener un control total y maniobrar con precisión milimétrica. Tu equipo conoce el terreno, entiende tu bandera y pelea con un sentido de pertenencia inigualable. Pero es importante tener en cuenta que, armar un equipo completo es costoso.

Ventajas:

Control Total: Mantienes un control completo sobre las estrategias y la ejecución, permitiendo ajustes rápidos según sea necesario.

Conocimiento del Producto/Servicio: El equipo interno tiene un entendimiento profundo de la marca, productos y la cultura de la empresa, lo que puede traducirse en comunicaciones más coherentes y efectivas.

Comunicación y Colaboración: La comunicación suele ser más directa y eficiente dentro de un equipo interno, facilitando la colaboración entre diferentes departamentos.

Construcción de Capacidades Internas: Desarrolla habilidades y conocimientos especializados dentro de tu organización a largo plazo.

Desventajas:

Costo: Mantener un equipo completo puede ser costoso, especialmente si se requieren habilidades especializadas para campañas específicas.

Flexibilidad Limitada: Escalar el equipo o las capacidades rápidamente para responder a las necesidades cambiantes del mercado puede ser desafiante.

Recursos y Herramientas: El acceso a herramientas de última generación y recursos tecnológicos puede ser limitado por restricciones presupuestarias.

OUTSOURCING

Por otro lado, el outsourcing nos ofrece la oportunidad de convocar a los especialistas, los mejores en cada terreno. Externalizar te permite traer especialistas sin el peso de un ejército permanente. Es ágil, es flexible, y en muchas ocasiones, más económico a corto plazo. Pero cuidado, depender demasiado de aliados externos puede dejar a tu estrategia en manos de quien quizás no ondee tu estandarte con la misma pasión.

Ventajas:

Acceso a Expertos: Te permite acceder a un amplio rango de habilidades y experiencia especializada sin el compromiso a largo plazo.

Flexibilidad y Escalabilidad: Puedes escalar tus esfuerzos de marketing hacia arriba o hacia abajo según las necesidades del negocio, sin los costos fijos de un equipo interno.

Costo-Efectividad: A menudo es más rentable a corto plazo, ya que reduces los costos asociados con la contratación, capacitación y mantenimiento de un equipo interno.

Innovación y Perspectivas Frescas: Los proveedores externos pueden ofrecer nuevas ideas y perspectivas que revitalicen tus estrategias de marketing.

Desventajas:

Menor Control: La dependencia de terceros puede traducirse en un control reducido sobre las estrategias y la ejecución de las campañas.

Riesgos de Comunicación: La colaboración con equipos externos puede enfrentar desafíos de comunicación y alineación con los objetivos de tu empresa.

Conocimiento del Producto/Servicio: Los proveedores externos pueden requerir un tiempo para entender profundamente tu marca, tus productos y tu mercado.

¿Y SI NO TIENES QUE ELEGIR?

Contar con un equipo híbrido te ofrece lo mejor de ambos mundos. Esta combinación puede ser tu estrategia maestra, permitiéndote controlar el núcleo de tu mensaje mientras te adaptas y escalas con la agilidad de un explorador.

Seleccionar quiénes formarán parte de tu equipo base y a quiénes subcontratar implica un análisis estratégico de tus objetivos, capacidades actuales y futuras necesidades, que puedes definir de manera práctico y directa tomando en cuenta los siguientes criterios:

1. Identifica tus necesidades y objetivos a largo plazo.

Antes de decidir, es esencial tener claridad sobre los objetivos de tu empresa y cómo el marketing digital puede ayudarte a alcanzarlos. Piensa en tus metas a largo plazo y en las competencias clave que necesitarás para lograrlas.

2. Evalúa tus capacidades internas actuales.

Realiza un inventario de las habilidades y recursos con los que ya cuentas dentro de tu organización. Identifica las áreas donde tu equipo sobresale y las que presentan lagunas de habilidades o recursos.

3. Determina las funciones críticas para el negocio.

Algunas funciones son esenciales para mantener la esencia y la estrategia de tu marca. Estas suelen incluir la planificación estratégica, la toma de decisiones clave de marketing y el manejo de la relación con el cliente. Estas áreas críticas suelen beneficiarse de un manejo interno para mantener el control y la coherencia de la marca.

4. Considera la escalabilidad y la flexibilidad.

Para funciones que experimentan fluctuaciones en la demanda o que requieren una especialización que no justifica una posición a tiempo completo, la subcontratación puede ser más eficiente. Esto permite escalar o reducir esfuerzos rápidamente según las necesidades del mercado sin incurrir en los costos fijos de tener a un empleado a tiempo completo.

5. Analiza el costo versus el beneficio.

Considera el costo total de mantener ciertas funciones in-house, incluyendo salarios, beneficios, capacitación y herramientas, en comparación con el costo de subcontratar esos servicios. A menudo, subcontratar puede ser más rentable y permitirte acceder a un nivel de experiencia y recursos que sería más costoso desarrollar internamente.

6. Reflexiona sobre la importancia de la propiedad intelectual y la seguridad de los datos.

Para proyectos que involucran información sensible o propiedad intelectual crucial, mantener estas tareas in-house puede ofrecer una capa adicional de seguridad y control.

7. Valora la importancia de la colaboración y la comunicación.

Algunas tareas se benefician enormemente de la estrecha colaboración y la comunicación fluida que viene con un equipo interno, especialmente aquellas que requieren un entendimiento profundo y continuo de tu marca y tus clientes.

Para muchas empresas, una solución híbrida, donde ciertos aspectos del marketing digital se mantienen internamente mientras otros se externalizan, puede ofrecer un equilibrio óptimo entre control, flexibilidad y acceso a habilidades especializadas. La elección entre in-house y outsourcing debe basarse en la evaluación cuidadosa de tus necesidades específicas, recursos disponibles y objetivos a largo plazo.

CAPÍTULO 7: MÉTRICAS CLAVES DE MARKETING Y VENTAS

Hemos dejado atrás los tiempos en los que los gerentes de marketing podían permitirse el lujo de ser menos rigurosos con el análisis, las métricas específicas o los cálculos en hojas de Excel. En la actualidad, el vasto universo de Internet ha transformado casi todo aspecto del marketing en algo cuantificable.

Según un revelador estudio realizado por Fournaise Marketing Group, que entrevistó a más de 1000 CEO's de variados sectores, se descubrió que cerca del 80% de estos líderes empresariales admiten tener reservas sobre la eficacia de los esfuerzos de marketing de sus equipos. Esta situación plantea un reto considerable para los responsables de estos departamentos, quienes se ven en la necesidad de identificar y presentar las métricas adecuadas que no solo otorguen credibilidad a su labor, sino que también demuestren de manera tangible cómo sus estrategias de marketing impulsan los resultados empresariales.

En el competitivo ámbito de las ventas high-ticket, no basta con tener simplemente una dirección clara; se requieren herramientas avanzadas que permitan medir el avance y realizar los ajustes necesarios en el camino. Las métricas, por ende, se convierten en tus aliadas más fiables, brindándote una perspectiva clara sobre el rendimiento de tus estrategias y el grado de satisfacción de tus clientes. Este capítulo se dedica a explorar las métricas cruciales que todo director de marketing, gestor de proyectos digitales y launch manager debe vigilar para garantizar el éxito en el segmento de las ventas de alto valor.

Entre las métricas de marketing más relevantes se encuentran el análisis del costo total de marketing, que abarca gastos en programas, salarios del equipo y gastos operativos, y cómo estos se correlacionan con los resultados clave: los ingresos y la captación de clientes.

También son de gran utilidad otras métricas como el costo por lead (CPL), el costo por seguidor (CPF) y el costo por clic (CPC), que ofrecen datos valiosos para la toma de decisiones estratégicas sobre dónde concentrar los esfuerzos de marketing y identificar áreas de mejora en el proceso de ventas. Sin embargo, es importante reconocer que la mayoría de los CEO's priorizan el análisis de costos y resultados netos por encima de los detalles intermedios.

A continuación, te presentamos las métricas de marketing fundamentales que realmente necesitas dominar para sobresalir en tu campo.

CLIENT ACQUISITION COST (CAC)

Este es el costo total de ventas y marketing suma todo el gasto de publicidad, más los sueldos, mas comisiones y bonificaciones, además de gastos generales dentro de un período de tiempo determinado. Luego, divídelo por el número de nuevos clientes en ese mismo período de tiempo.

Fórmula: CAC = (Costo total de ventas y marketing) / (Número de clientes adquiridos)

Ejemplo: Si gastaste $50,000 en ventas y marketing en un trimestre y adquiriste 1000 nuevos clientes, el CAC sería: CAC = $50,000 / 1000 = $50 por cliente.

CONVERSION RATE

Esta métrica mide el porcentaje de prospectos que se convierten en clientes. Es especialmente importante en el ámbito high-ticket, donde cada venta cuenta significativamente. Optimizar la tasa de conversión puede tener un impacto dramático en tus ingresos.

Fórmula: Tasa de Conversión = (Número de ventas cerradas) / (Número de leads) x 100%

Ejemplo: Si generas 200 leads y cierras 20 ventas, tu tasa de conversión sería:

Tasa de Conversión = (20 / 200) x 100% = 10%

AVERAGE ORDER VALUE (AOV)

El Valor Promedio de Pedido (Average Order Value - AOV) te ayuda a entender cuánto gastan tus clientes en cada compra. Incrementar este número es una forma de aumentar los ingresos sin necesariamente aumentar la base de clientes.

Fórmula: AOV = Ingresos totales / Número total de pedidos

Ejemplo: Si tus ingresos totales en un mes son $100,000 y hubo 200 pedidos, el AOV sería:

AOV = $100,000 / 200 = $500 por pedido

RETENTION RATE

La retención es crucial en todos los sectores, pero en las ventas high-ticket, donde la adquisición de cada cliente representa una inversión significativa, es aún más crítico.

Esta métrica mide el porcentaje de clientes que continúan comprando después de su compra inicial.

Fórmula: Tasa de Retención = [(Número de clientes al final del periodo - Número de nuevos clientes adquiridos durante el periodo) / Número de clientes al inicio del periodo] x 100%

Ejemplo: Si comienzas el año con 100 clientes, pierdes 20, pero ganas 40 nuevos, tu tasa de retención sería:

Tasa de Retención = [(100 - 20 + 40) / 100] x 100% = 120%

CUSTOMER LIFETIME VALUE (LTV)

El LTV o Valor de Vida del Cliente mide el total de ingresos que se espera que un cliente genere durante su relación con tu empresa. Es una métrica fundamental en el mundo de las ventas high-ticket, ya que resalta la importancia de construir relaciones a largo plazo con los clientes, en lugar de enfocarse únicamente en transacciones únicas.

Fórmula: LTV = (Valor promedio de compra) x (Número de veces que el cliente compra cada año) x (Duración promedio de la relación en años)

Ejemplo: Si un cliente gasta $500 en cada compra, realiza 4 compras al año, y se espera que permanezca con tu marca por 5 años, el CLV sería:

CLV = $500 x 4 x 5 = $10,000

MARKETING GENERATED CUSTOMERS

Esta proporción muestra qué porcentaje de su nuevo negocio es impulsado por los esfuerzos de marketing. Para calcularlo, basta con tomar todos los nuevos clientes que se captaron en un período y observar qué porcentaje de ellos comenzó como un lead que generó el equipo de marketing.

Lo bueno de esta métrica es que muestra directamente qué parte de la adquisición general del cliente se originó en Marketing, y a menudo es más alta de lo que se podría pensar.

En algunos de los casos, este número varía ampliamente de una compañía a otra. Para las empresas con un equipo de ventas externo respaldado por un equipo interno de ventas con llamadas en frío, este porcentaje podría ser tal vez un 20-40%. Pero para una empresa con un equipo interno de ventas respaldado por una gran cantidad de clientes potenciales generados por acciones de Marketing, podría llegar al 40-80%.

CONCLUSIÓN

Al llegar al final de este viaje a través del "High-Ticket Growth Blueprint", nos encontramos en la orilla de un vasto océano de posibilidades. Hemos navegado juntos y explorado rutas desconocidas, todo con un propósito claro: dominar el arte de vender productos y servicios de alto valor en el competitivo y cambiante mar del marketing digital.

Desde comprender la psicología que impulsa las decisiones de compra de alto valor hasta adaptarnos al entorno digital en constante evolución, hemos trazado un mapa detallado para desarrollar productos y servicios que no solo satisfagan, sino que superen las expectativas de nuestros clientes más exigentes. Hemos aprendido a distinguirnos a través del branding y posicionamiento, asegurando que nuestra voz se escuche claramente en medio del ruido ensordecedor del mercado.

Las estrategias y tácticas de marketing y venta que hemos explorado son la esencia de cómo transformar intereses pasajeros en compromisos significativos. La construcción de un equipo de trabajo sólido, dedicado no solo a la excelencia operativa sino también al crecimiento y desarrollo continuo, es fundamental para nuestra capacidad de ejecutar estas estrategias con precisión y pasión.

Por último, pero no menos importante, hemos subrayado la importancia de las métricas clave de marketing. Sin ellas, navegaríamos a ciegas, incapaces de medir nuestro progreso o ajustar nuestro rumbo. Estas métricas son las estrellas por las que nos guiamos, asegurando que cada decisión que tomamos nos acerca más a nuestros objetivos.

Esperamos que este material te de las herramientas para navegar por el amplio mar del marketing digital, siempre cambiante. Es por eso que te invitamos a visitar nuestro sitio web, donde hemos preparado una serie de recursos complementarios diseñados para ayudarte a navegar estas aguas con mayor confianza y eficacia. Desde workbooks que profundizan en los ejercicios y estrategias discutidos en este libro, hasta prompts de AI personalizados que te guiarán a través del desarrollo de tus campañas, nuestro sitio web http://highticketblueprintbook.com/recursos será una herramienta que te ayudará en esta travesía.

Cada recurso ha sido cuidadosamente curado para complementar los conocimientos que has adquirido, permitiéndote aplicar de manera práctica las estrategias y principios que hemos explorado juntos. Al igual que este libro, considera estos materiales no como la respuesta final, sino como herramientas que, utilizadas sabiamente, pueden llevar tu negocio a nuevos horizontes de éxito y satisfacción del cliente.

Al cerrar este libro, recuerda que el "High-Ticket Growth Blueprint" es más que un manual; es un llamado a la acción. Es un recordatorio de que, en el mundo de las ventas de alto valor, el éxito no proviene de seguir la corriente, sino de la audacia para trazar tu propio curso, la resiliencia para enfrentar las olas y la sabiduría para conocer cuándo es el momento de ajustar las velas.

No hay mayor tesoro en el marketing digital que la capacidad de forjar conexiones auténticas con aquellos que valoran lo que tienes para ofrecer. A medida que avanzas desde aquí, lleva contigo las lecciones aprendidas y sé el faro para tus clientes en la oscuridad, guiándolos hacia soluciones que no solo satisfacen una necesidad, sino que enriquecen sus vidas.

Que el "High-Ticket Growth Blueprint" sea tu mapa de ruta, llevándote no solo a la prosperidad económica, sino también a la realización de construir algo de valor duradero.

Este no es el final, sino el principio de algo grandioso. Estamos emocionados de verte tomar lo que has aprendido y convertirlo en tu propia historia de éxito. Tu viaje hacia la excelencia en las ventas high-ticket continúa, y estamos aquí para apoyarte en cada paso del camino.

Adelante. Es hora de zarpar hacia tu próxima gran conquista.

www.ingramcontent.com/pod-product-compliance
Lightning Source LLC
Chambersburg PA
CBHW052207220526
45471CB00004B/1849